山口組動乱!!

溝口 敦

講談社＋α文庫
プラスアルファ

文庫版のためのまえがき

本書が扱うのは二〇〇八年から現在に至る、つまり二〇一五年九月ころまでの山口組の動向である。年表的に辿れば、その間、数々の事件があり、人事があり、抗争があり、絶縁・除籍処分などがあった。そのうちのいくつかについては本文中で詳述している。

しかし大摑みにいえば、次のように山口組本部に時間は流れたといえるのではないか。すなわち、

①司組長が銃刀法の違反で東京・府中刑務所に服役している間

②ナンバーツーの髙山清司若頭が見せた強圧的で独裁的な山口組運営

③髙山若頭の組運営は本当に司組長の意を体《たい》したものかという直系組長たちの疑いと忍耐、司組長への期待

④ 一一年四月、司組長の出所
⑤ 組長の山口組運営も結局は髙山若頭と変わらず自己の利益だけを図るものだったという直系組長たちの失望と落胆、怒り
⑥ 一〇年一一月、京都地検が四〇〇〇万円恐喝容疑で髙山若頭を逮捕したことに始まる髙山若頭の存在の希薄化
⑦ 一三年一〇月、竹内照明弘道会会長が直参に昇格し、直系組長たちの多くはこのままでは山口組組長の座が今後三代にわたって弘道会に独占されることになると警戒感と嫌悪感を強める
⑧ 一四年五月、髙山若頭が上告を取り下げ、近日中に収監されることになると発表
⑨ その直後から弘道会支配に対する直系組長の中の批判派がチャンス到来と判断し、司組長への叛旗《はんき》、分裂を策する計画を練り始める
⑩ 一五年八月、神戸山口組がついに分裂・旗揚げし、六代目山口組との並立期に入る

……と総括できよう。①〜⑨まではすべて⑩分裂になだれ込むための前史だったといえなくもない。

山口組が創立一〇〇年を迎えた二〇一五年、分裂したのはきわめて象徴的である。おそらく山口組はこれ以上経年劣化に耐えられない段階を迎えていたと見られる。

山口組に対する警察と世論の包囲網は年々狭まる一方である。暴対法や暴排条例などの取締り法令も組員たちの生存権を否定するほどのレベルに達している。暴力団に籍を置かない半グレたちは次々とヤミ金や特殊詐欺、危険ドラッグなどのシノギを創案し、シノギの面から山口組を幅寄せしている。おかげで山口組の組員数は一万三〇〇〇人と最盛期の三分の一にまで減少し、五代目組長・渡辺芳則の時代、九一年末に一一六人を数えた直系組長の数は一五年九月、五九人へと半減に近く痩せ細った。

アベノミクスは一時的に株高をもたらしただけで、日本経済は依然として右肩下がりの不況を続けている。国民の生活は悪化を続け、オモテ経済に寄生する暴力団も影響を免れなかった。加えるに山口組は「司—高山路線」による凄まじい収奪にさらされ、せっかく直系組長に指名されても辞退する者が出ている。

そこで一三人ほどの直系組長たちが六代目山口組に叛旗を翻し、ついに分裂、神戸山口組を結成した。分裂した側はこれを百姓一揆や逃散《ちょうさん》になぞらえたが、たしかに今回の分裂劇には民主化運動の側面がある。ちょうど安倍首相による安全保障関連法案と称する戦争法案が多数国民の反対デモを引き起こしたように、同時期、山口組にも同じ自由と民主を求める潮が流れていたと考えてもいい。

しかし戦争法案に反対する者たちの手がおおむねきれいだったのとは異なり、神戸山口組に寄った者たちの全部がきれいな手をしていたのではない。とりわけ幹部層では六代目山口組の執行部の一員として、「司—髙山ライン」による直系組長たちに対する圧政と収奪に力を貸して来た。虎の威を借る狐にならざるを得なかった屈辱を過去に体験している。彼らは罪なき者ではなく、体中、傷だらけ、汚れだらけの分裂前史をくぐってきた者たちである。

しかし今回の分裂は山口組の閉ざされた前途を切り開く抜本改革とは何の関係もない。組員として同じ轍《てつ》を踏まぬためには少なくとも、終身制である組長の任期の否定、組長の選び方の改革、親子関係など擬制血縁関係による組織統制の改革、組長絶対制の否定、組員の声を生かせる組織運営などが不可欠だろうが、依然として神戸山口組も従来通りの盃事による組織作りで我が事成れりとしている。

実をいえば、もはや列記したような改革は何をやろうと無効なのだ。暴力団という組織そのものが時代に後れ、消失するしか改革の途《みち》がない。六代目山口組と神戸山口組の並立時代はしばらく続くだろうが、分裂により両者のどちらかが改革され、どちらかが伸びるといったものではなく、両者のどちらもが消滅に向けて縮減していくにちがいない。山口組にとって今回の分裂は「歴史の終わり」を意味している。

溝口敦

二〇一五年一〇月

（本書の序章は新たに書き下ろしたものです）

山口組動乱!! ——日本最大の暴力団ドキュメント 2008〜2015◉目次

第二章　強権支配と粛清

第三章　暴力団排除の包囲網

第四章　ナンバーツー逮捕の激震

第五章　島田紳助引退と反社勢力

山口組動乱!!

——日本最大の暴力団ドキュメント　2008～2015

序章　山口組の終わりの始まり

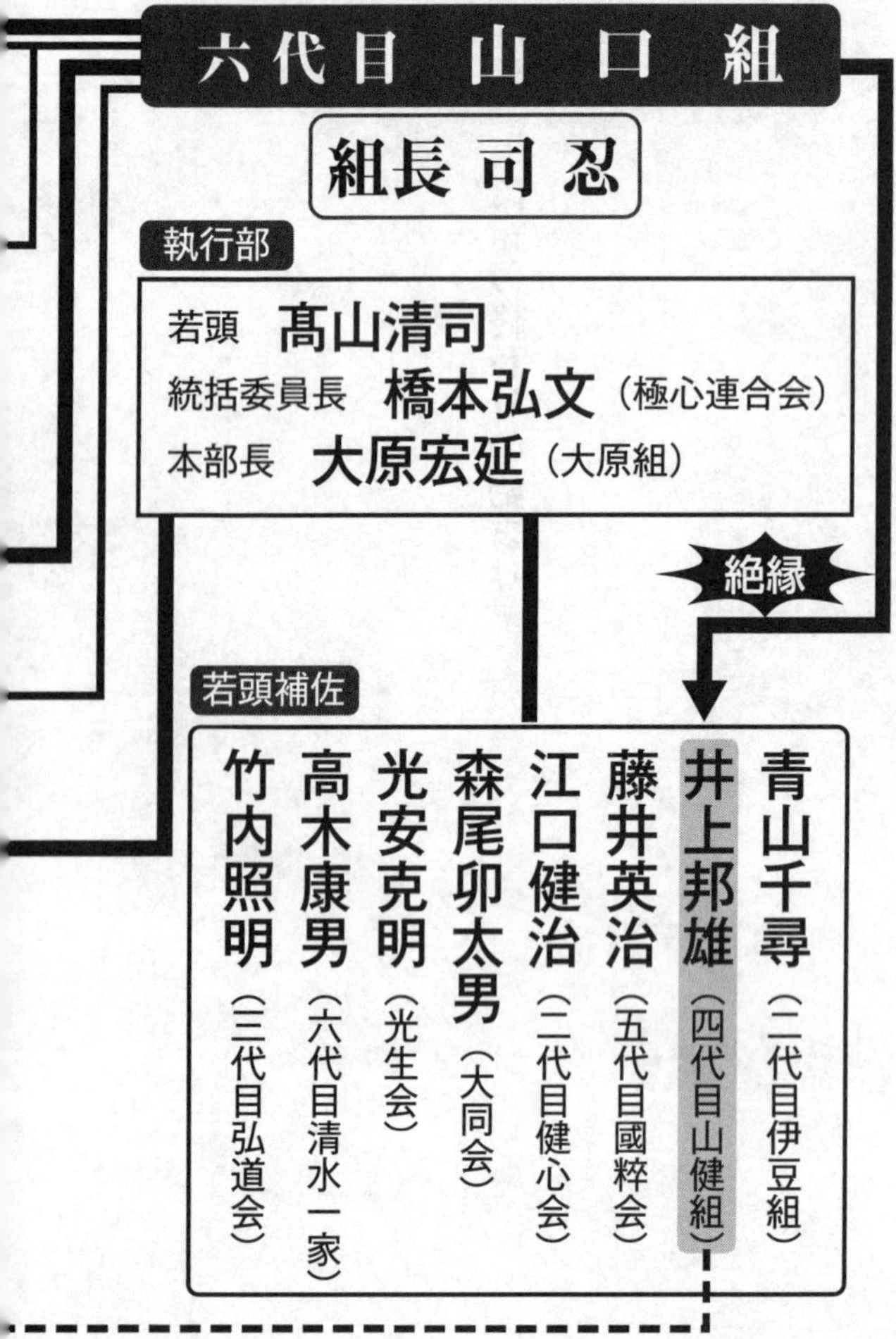
六代目山口組
組長司忍
執行部
若頭 髙山清司
統括委員長 橋本弘文（極心連合会）
本部長 大原宏延（大原組）
絶縁
若頭補佐
青山千尋（二代目伊豆組）
井上邦雄（四代目山健組）
藤井英治（五代目國粋会）
江口健治（二代目健心会）
森尾卯太男（大同会）
光安克明（光生会）
高木康男（六代目清水一家）
竹内照明（三代目弘道会）

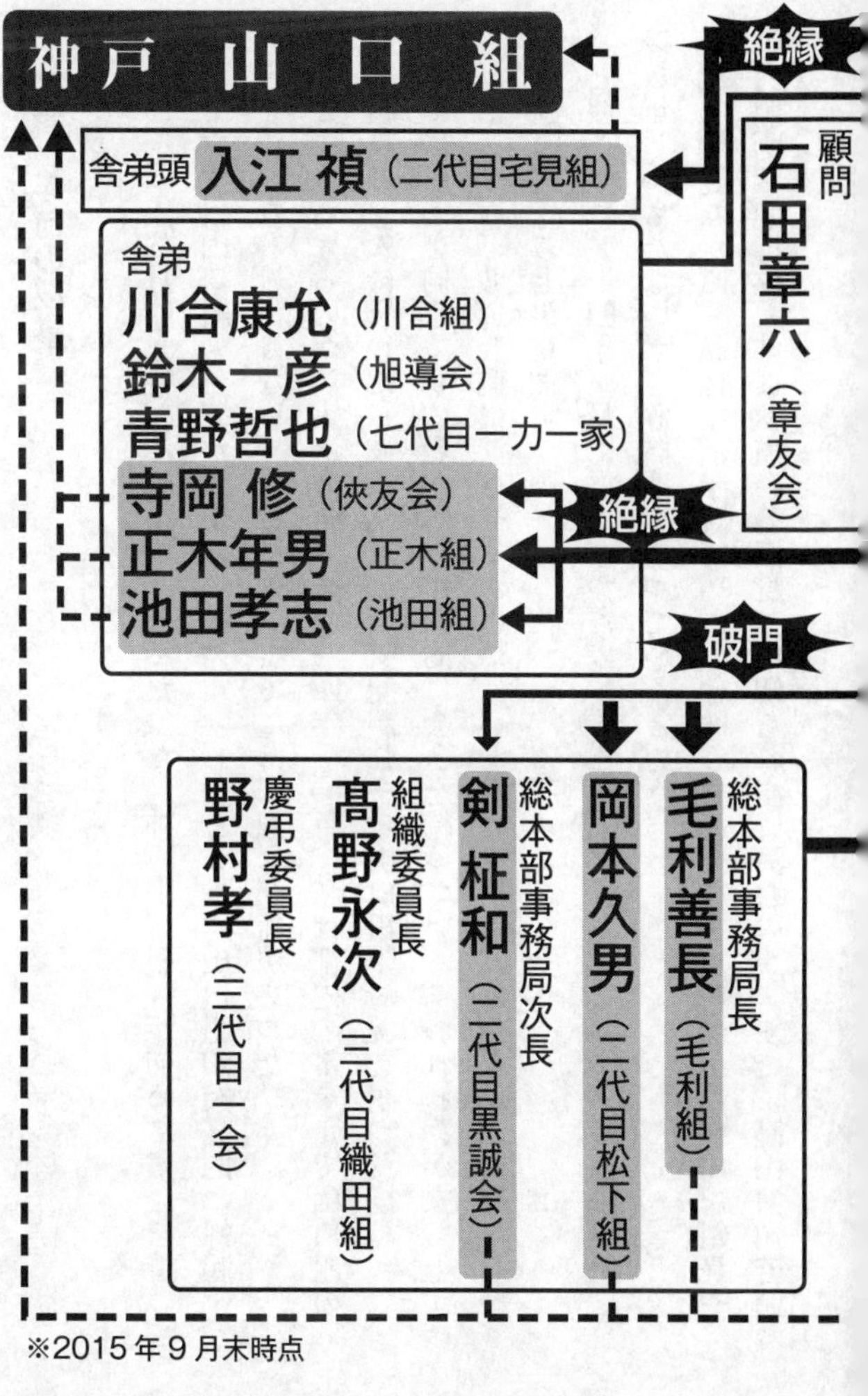
神戸山口組
絶縁
舎弟頭 入江禎（二代目宅見組）
顧問 石田章六（章友会）
舎弟
川合康允（川合組）
鈴木一彦（旭導会）
青野哲也（七代目一力一家）
寺岡修（俠友会）
正木年男（正木組）
池田孝志（池田組）
絶縁
破門
総本部事務局長 毛利善長（毛利組）
岡本久男（二代目松下組）
総本部事務局次長 剣柾和（二代目黒誠会）
組織委員長 髙野永次（三代目織田組）
慶弔委員長 野村孝（三代目一会）
※2015年9月末時点

分裂一年前の秘事

二〇一五年八月二七日、それまで非公然だった「神戸山口組」が初めて集会を持つことで六代目山口組の分裂が決定的になった。しかし、神戸山口組が突発的に蜂起・分裂を決めたわけではない。ここに来るまでには周到な準備があった。

なぜそう言えるのか。実は昨年つまり一四年一〇月、私は都内のホテルで山口組の直系組長の一人に会った。彼は弘道会の支配が強まる山口組の情況を語った後、

「すでに考えを同じくする者たちが定期的に会合を持っている。われわれが立ち上がる以上、絶対、弘道会側に潰させるわけにはいかない。潰されないだけの準備をしっかり固めて立ち上がります」

と洩らした。一四年一月に亡くなった岸本才三総本部長も「このままでは山口組は後数年しかもたない」と危機感を持っていたという。

話を聞きながら、私は半信半疑でいた。仲間うちの会合を重ねながら、司忍組長や竹内照明若頭補佐（共に弘道会の出身）に知られずに済むのか。すでに髙山清司若頭

（弘道会出身）は四千万円恐喝事件で判決が懲役六年の有罪となっていた。一度は最高裁に上告したが、この年（一四年）五月に上告を取り下げ、大阪拘置所に拘置されていた（その後東京・府中刑務所で服役）。

髙山若頭の「社会不在」は蜂起勢にとってプラス材料だが、ヤクザはさほど口が固いわけではない。仲間うちのおしゃべりから事前に構想が漏れ、弾圧されるのではないかと危ぶまれた。

思い出したのは、〇八年一〇月に発生した後藤組・後藤忠政組長（その後引退）のゴルフコンペ―定例会欠席問題から始まった直系組長たちの大量処分である。

後藤氏は同年九月、静岡県富士宮市で誕生日祝いのゴルフコンペとパーティーを開いた。芸能人が多数参加したため、催しは週刊誌で報じられ、執行部が知って問題化、後藤組長は除籍処分となった。

功績ある後藤氏に対して除籍は重すぎると、直後に直系組長たち一三人が執行部を批判する「連判状」を出した。間もなくこのうち一〇人がそれぞれ絶縁、除籍、謹慎の処分を受けて組から放り出され、残る三人についても後日、処分が下された。

この連判状には今回の分裂騒ぎに通じる問題が記されていた。

（○直系組長たちが月々納めている会費は五代目時代と比べ三五万円も増えた。使途についての説明もない。
○その上に飲料水や雑貨の強制購入がある。その収益はどうしているのか。
○五代目時代、山口組会館を建設するとして一〇〇人の直系組長から二〇〇〇万円ずつ、合計二〇億円が集められ、用地が買われた。六代目になってからその土地は売却されたが、そのカネはどうなったのか。書類を提示した上、説明してもらいたい。
○五代目時代に貯蓄してきた約一〇億円はどうなっているのか。すでに消失したという噂も聞くが、納得のいく説明を求める。）

ここまで詰め寄りながら連判状グループはあっさり首を切られて、グーの音も出なかった。彼らは弘道会派に比べてあまりに戦い方が素朴で拙劣だった。果たして蜂起計画を進める直系組長たちは司組長相手に戦えるのか疑わしく思い、熱を入れて聞く気にはなれなかったのだ。

当然のことながら、私は聞いたことを記事化しなかったし、誰にも口外しなかった。だいたい蜂起・分裂する計画があるなど、記事化できるテーマでもない。またどちらに味方するわけではないが、私のせいで彼らの計画が潰れたら、寝覚めが悪すぎる。

この直系組長のことはほぼ忘れた。時々は思い出したが、蜂起・分裂計画は「その後どうなりましたか」などと聞けるものではない。それでは催促になってしまう。

今年、一五年四月、私は情報会社をやっている友人から、彼のもとに寄せられた匿名の手紙をたまたま見せられた。すぐこれは直系組長が話していたことだと気づいた。

以下、手紙の要所をご紹介しよう。

〈そんな中で今の六代目体制に納得していない人間たちもいるわけです。その人間たちが密かに集結し、新しい山口組を作り直すために会合が行われているのです。今回、弘道会の竹内（照明）氏が（山口組の）幹部になり、いくらもたたないうちに（若）頭補佐に上がりました。執行部入りです。このままでは七、八代目まで名古屋（弘道会のこと）に主導権を握られてしまう。誰の目にも明らかです。ここはもう一度座布団を取り戻すしかないと謀反の計画が進められているのです。そのメンバーをリークします。現在も週に一～二回神戸を出た後に密かに集まり、会議が行われています。そのメンバーです。（メンバー名は略す）〉

この手紙に目を通して、私はインチキではないまでも、山口組の直系組長ではない下位の組員が書いたにちがいないと見た。文中、蜂起側に立つとはとうてい思えない名前が三人も含まれていたからだ。今だからいえることだが、私の判断は二人については正しく、一人については完全に間違っていた。間違ったその一人とは〈この会の議長が宅見組の入江氏〉の部分である。

元の山口組総本部長・入江禎氏は司、髙山両氏による山口組の絶対支配を助けた協力者、出身は弘道会ではないが、むしろ弘道会側に立つ人と私は見ていた。そういう入江氏が蜂起側に加わるはずがないと思い込んでいた。

しかし今、神戸山口組側に話を聞くと、山健組・井上邦雄組長を口説き落とし、蜂起に加わる腹を最終的に固めさせたのは入江禎《ただし》氏だったという。

「だから入江さん、なかなかやるなと、こっちでは評判がいい。彼はわれわれの目論見を成功させるために絶対必要な人でした」

では、誰が入江氏や井上氏をリクルートしたのか。蜂起・分裂劇で絵を描いたのは山口組舎弟だった俠友会（淡路島）寺岡修会長だという説が流れた。正木組・正木年男組長（六代目山口組で若頭補佐、中部ブロック長、本家室長）という説もある。しかし、山口組本部による厳しいカネ集めに一番苦しんできた中堅的な直系組長たちが真の主役だったような気がする。

四月に私が見せられた手紙にはこの後、〈私の知らないところでもっとメンバーがおるのでしょうが、話を聞くかぎり、山口組の過半数に達したといっていたので〉という一句もあった。

直系組長の数を七二人とすれば、その半数は三六人である。今のところ神戸山口組は一三人だから、明らかに予定より人数が足りない。従来の山口組側が神戸山口組の切り崩しに成功していると見ていいのではないか。

六代目山口組は当初、神戸山口組に加わると見られた一派の奪還や潰しに成功している。たとえば神戸山口組に行くと見られた東生会・須ノ内祥吾会長（大阪）には謹慎処分が下され、組員は大同会（森尾卯太男会長、鳥取県米子市）の預かりになった。また岸本組・清水武組長も当初、神戸山口組派と目されたが、今は在来山口組に納まっている。

私は手紙の記述の信憑性を疑っていたので、こうした情報をあまり重視しなかった。そして四カ月後の八月、ほんとうに蜂起・分裂が日の目を見た。直系組長たちは当初の計画通り粛々と準備を進めていたのだ。

では、彼らは「絶対、山口組執行部に潰されないために」どういう措置を採ったのか。

今、神戸山口組のメンバーに連絡はついても「まだ外に向けて話せないことになってます。近々われわれの考えについて各方面に分かってもらう文書を作りますんで」と、はかばかしく答えてはくれない。

そのため推測するしかないのだが、一つの準備は山健組・井上邦雄組長と宅見組・入江組長の迎え入れに成功したことだろう。山健組は大勢力であると同時に有名ブランドでもある。参加しているかいないかは対外的イメージが大きく違う。また入江組長は数字に明るいことで、神戸山口組の秘密兵器になり得る。

神戸山口組が蜂起した主な理由は、今の六代目山口組が行っているきびしいカネ集めにある。直系組長たちは毎月一一五万円以上を月会費の名目で本部に納めている。山口組本部には直系組長たちが差し出す会費（警察はこれを上納金と呼ぶ）だけで、毎月約七〇〇〇万円以上が集まっていた。

今回の分裂騒ぎで初めて出る数字だが、このうち約三〇〇〇万円が月々司組長に渡っていたとされる。年間にすれば三億六〇〇〇万円。

その他、直系組長たちが拠出して中元や歳暮の時期、また司組長の誕生日祝い（一月二五日）などで各一億円近くを集め、司組長には年六億円ぐらいが渡っていたらしい。また司組長は友好団体のうち双愛会（千葉）、共政会（広島）、福博会（福岡）、東亜会（東京）を後見し、これら団体からも中元や歳暮で現金を贈られているようだ。なんやかや年間一〇億円前後を集金していたのかもしれない。

では、こうした収入は正確に税務申告され、納税されているのだろうか。全額ではないまでも多少は申告されているはずだ。有名ヤクザは税務署を恐れ、たいてい形式を調えるぐらいの努力はしている。が、それで万全ということではないはずだ。

実は神戸山口組側の「奥の手」として、警察や税務当局に対して証言の提供があるとされる。数字がどれほどデータ的に裏付けできるのか疑問だが、少なくとも司組長の収入を熟知する立場にいたのはかつての山口組総本部長・入江氏である。入江氏は今、司組長に遠慮する必要がない立場になった。

懐を握るキーマン

一五年六月、福岡県警は北九州市を牛耳る工藤會・野村悟総裁を所得税法違反容疑で逮捕した。工藤會では月に約二〇〇〇万円の会費が集められ、その四分の一、約五〇〇万円が野村総裁側に渡されていたという（年額では六〇〇〇万円）。一三年までの四年間に約二億二〇〇〇万円が渡り、おおよそ八八〇〇万円を脱税したとして、野村総裁は逮捕された。

脱税による暴力団トップの逮捕は警察にとっては大金星である。警察庁は「福岡県警でやれたことがよそでやれないわけがない。脱税で暴力団のトップを挙げろ」と全国の警察に号令を掛けている。

司組長の収入は野村悟総裁より一ケタ多い。兵庫県警や大阪府警、愛知県警が、神戸山口組側が提供する情報に飛びつき、「司組長を所得税法違反で逮捕」を狙うと予測するのは必ずしも妄想ではなかろう。

「しかし、われわれがこうした数字の裏付けを出すのは最後の最後です。ヤクザが警察においそれ協力するわけにいかない。ただし向こうの出方によっては出さざるを得ない。司さんだって七〇過ぎて刑務所には入るのは嫌でしょう。われわれもむりやり入れようとは思ってません」（神戸山口組のメンバー）

話を聞くかぎり、税務データはきわめて有効な牽制球のように見える。かつての山口組の経理官僚は神戸山口組の方に厚いから、この件に限っては神戸山口組が有利なはずだ。

さらに神戸山口組が用意した準備は友好団体への根回し工作だろう。総じて暴力団世界では組を割って出た側が抗争に敗れるケースが多い。「山口組―一和会抗争」では一和会が解散し、山本広会長が引退することで抗争が終結した。道仁会を出た九州誠道会も数年に渡る道仁会との激しい抗争の果て、最後は九州誠道会が解散することで抗争は終結した（が、その後「浪川睦会」という後身団体ができた）。

今回も山口組を割って出た神戸山口組の方が不利といえる。ふつう組を割って出た側が暴力団業界で孤立を余儀なくされる。軍資金に不足しても他団体から貸してもらえず、応援部隊も派遣されない。他団体としても「組を割って出る」ことに賛成できないからだ。うっかり賛成すれば、自分の組が内紛を起こしたとき収拾に困る。

つまり所属していた組の親分から子、あるいは舎弟の盃を受けながら、組を割って出るのはいわゆる「逆盃」であり、親分絶対の暴力団世界では認められない。これが原則的なルールなのだ。

この辺りのことは神戸山口組も十分心得ている。そのため暴力団世界で孤立しないよう、分裂に踏み切る直前に他団体への根回しに動いている。すでに山陽道の二つの組は神戸山口組との交際を約束してくれたらしい。

そうでなくても俠友会・寺岡修会長は俠道会（広島県尾道市）池澤望会長と五分の兄弟分、山健組・井上邦雄組長は浪川睦会（福岡県大牟田市）浪川政浩会長と兄弟分、かつては住吉会・加藤英幸総本部長（幸平一家総長、東京）と兄弟分だったとされる。また大阪の酒梅組はいち早く神戸山口組支持を打ち出し、六代目山口組との親戚づきあいを解消、司組長が後見人であることの拒絶を通知したという。

また他団体ではないが、山健組でかつて好戦性で知られた三島組・三島敬一組長（山健組―健竜会最高顧問）の再起用情報が流れている。三島組長はかつて大阪・西成で活動していたが、髙山清司若頭の指示で健竜会から絶縁され、三島組は解散、三島氏は故郷の熊本に帰った。が、このほど井上組長から詫びと最高顧問で迎えたいという意向が伝えられ、三島組を再結成、弘道会を直撃する構えという。

しかし逆にいえば、神戸山口組の優位点はこれだけともいえる。今のところ所属組や組員数が多いのは圧倒的に六代目山口組の方だ。

住吉会幸平一家・加藤英幸総長の神戸山口組陣中見舞いに対して、未確認情報だが、稲川会が住吉会に抗議したと伝えられる。稲川会・内堀和也理事長（山川一家総長）は六代目山口組・竹内照明若頭補佐（弘道会会長）と兄弟分だから、当然、六代目山口組を支持している。

が、かといって関東の暴力団がそれぞれ一枚岩かというと、決してそんなことはなく、一つ意見を強行すれば、山口組と同様、必ず分裂を引き起こすと見る向きは多い。稲川会でも山梨の組織などがいずれ神戸山口組に参加するという噂が根強く続いている。

現状、六代目山口組が七対三ぐらいの割合で神戸山口組を圧倒している模様だ。友好関係にある団体数も多い。長らく暴力団世界の盟主を続けたガリバー型寡占の巨大組織だから、たとえ勢力が半減しても、構成員数で第一位であることは変わらない。が、一ヵ月後、二ヵ月後も、この状態で固まっていると見なすのは早計だろう。なにしろ直系組長やその下の若頭、若頭補佐クラスにとっては生きるか死ぬかの二者択一である。どちらの勢力が短命か、長命か、しっかり見極めないと、自分ばかりか配下の組員さえ路頭に迷わせることになる。様子を見極めた上での移動は大いにあり得ることだろう。

結局、神戸山口組メンバーの危機感が示すように、山口組には賞味期限が迫っているのかもしれない。どちらに転んでも、賞味期限はあまり延びそうにない。警察や暴力団排除条例、組織犯罪処罰法などに包囲され、片や半グレ集団に幅寄せされている。

抗争の導火線

六代目山口組は勢力が劣る神戸山口組を暴力的に蹂躙《じゅうりん》することはできない。抗争すれば、民法や暴対法の「組長の使用者責任」や、組織犯罪処罰法違反(組織的殺人など）で実行犯の組員ばかりか組長も逮捕され、あるいは損害賠償を求められ、組織がメタメタになる。

両派とも表向き抗争はできない。しかし敵対する勢力の権益を奪うことで暴力団は活性化する。逆に向こう三軒両隣が自派か自派の友好団体なら、シノギをどこにも求めようがない。敵対する団体があるからこそ、そこの利権を食い荒らせる。暴力団にとっては健康な環境である。

よって山口組と神戸山口組との対立抗争は最初、地域限定的な経済戦になるはずだ。早い話、東京には弘道会も山健組も進出、企業事務所を構えている。不動産、金融、建設、解体業、産廃処理、作業員派遣、ホストクラブ、ヤミカジノ、特殊詐欺など、あらゆる職種が軒を並べている。

企業事務所だからといって、拳銃やナイフ、金属バットを持っていないわけではない。ビジネスをめぐってのトラブルや小競り合いはいつでもあり、それが暴力沙汰に発展する理由も無数にある。

今回のような場合、拳銃の使用はいささか荷が重い。所持、発砲、殺傷行為と別々に計算され、それらの刑が加算されてとんでもない量刑になり得る。しかも拳銃は暴力団抗争のイメージに結びつきやすいから、なるべくなら使いたくない。

そこで集団的に相手をバットで打ち据えるなど、あたかも半グレ風の喧嘩も装うだろう。バットを使っても六本木クラブ襲撃事件のように一般人への人違い殺人は起こるのだ。山口組における「名古屋―神戸抗争」は全国の繁華街をストリートファイトで彩りかねない。

神戸山口組の実態と資金繰り

一五年九月五日、神戸市花隈の山健組本部に神戸山口組のメンバーが集まり、発会式が開かれた。住吉会幸平一家の加藤英幸総長も陣中見舞いに訪れ、その様子はニュースなどで逐一報じられた。

山健組・井上邦雄組長も加藤総長も極度に目立つことを嫌い、写真嫌いで通っているが、このときばかりはなぜか好んでカメラの餌食になる立ち居振る舞いをした。おそらく神戸山口組が暴力団世界で孤立していないこと、関東の実力軍団、幸平一家もこの通り顔見せして、神戸山口組の門出を祝ってくれたと視聴者に強く印象づけたかったのだろう。神戸山口組の狙いは見事に当たったといえそうだ。

式では人事が発表された。神戸山口組の組長は大方の予想通り井上邦雄（山健組組長）である。

副組長は宅見組・入江禎組長。入江組長は六代目山口組・司忍組長の収入内訳を知悉《ちしつ》し、司組長を脱税で逮捕させることまで可能なデータを握っているとされる。

神戸山口組の「役職表」では以下、次の順で直系組長たちの名が記されている。

顧問・奥浦清司（奥浦組、東大阪市）
若頭・寺岡修（俠友会、淡路市）
舎弟頭・池田孝志（池田組、岡山市）
総本部長・正木年男（正木組、福井県敦賀市）
本部長・毛利善長（毛利組、吹田市）
舎弟・岡本久男（松下組、神戸市）
同・宮下和美（西脇組、神戸市）
若頭補佐・剣柾和（黒誠会、大阪市）

同・織田絆誠（よしのり、織田一家、大阪市）
同・高橋久男（雄成会、京都市）
若中・清崎達也（大志会、熊本県熊本市）
同・池田幸治（真鍋組、尼崎市）

神戸山口組の本部はとりあえず淡路島の侠友会所在地に仮事務所を置く。現在、神戸地裁の前、三代目組長・田岡一雄の旧宅付近に本部を置くべく土地や建物を物色中という。

注目すべきは神戸山口組が新しく決めた月会費制度である。

月額は役付三〇万円、中堅二〇万円、若中一〇万円と、六代目山口組に比べべらぼうに安い。六代目山口組では、ヒラの直系若衆が支払う会費は月額一一五万円（プラス積立金一〇万円）だから、ヒラの若衆で比べるかぎり一〇分の一以下なのだ。

さらに神戸山口組では中元、歳暮を組長に贈ることは禁止、組長は誕生日祝いをせず、組長への誕生日祝いのプレゼントも禁止となった。

六代目山口組では中元の時期、直系組長たちが分担拠出して司組長に贈るカネが五〇〇〇万円、歳暮の時期、同じく直系組長たちが分担拠出して贈るカネが一億円、一月二五日司組長の誕生日祝いにも直系組長たちが分担拠出して一億円を司組長に贈っている。

当然、六代目山口組が行っている直系組長たちに対するミネラルウォーターや日用雑貨品の強制売り付け（月額五〇万円程度）も神戸山口組はやらない。

禁欲的といっていいほどの集金システムである。これが厳格に実行されるなら、神戸山口組の組長職は完全に名誉職になる。メンバー（直系組長）たちが払い込む月会費を頼って、組長が生活するのは不可能だから、神戸山口組の井上組長は従来通り山健組の組長を兼任する。新しく山健組の後任組長は選任しない。生活の基盤はこれまで通り山健組に置くことの表明でもある。

もちろん井上組長以下の直系組長たちも自分の組に生活の基盤を置く。したがって自分の誕生日祝いなども神戸山口組の組長にならって、行わなくなるだろうとメンバーの一人は語る。

歳暮、中元の類も同じである。神戸山口組では廃止される方向にある。またその組独自に行っている会費制度も減額されるにちがいない。自分が中堅組長として二〇万円しか本部に納めていないのに、配下の組員一人から三〇万円、二〇万円と取ることは名分が立たない。したがって神戸山口組系の組員は過重な月会費に苦しむことなく、組活動を続けられると見られる。

しかし山口組の組長が月会費で生活するのは自分の組とシノギを手放すことの代償という面がある。シノギをすればするほど警察が捜査の端緒を摑み、逮捕される危険が増すという考えである。五代目山口組・渡辺芳則組長がそれを強調していた。逮捕=社会不在=組運営の空白化を避けるためという名分で、組長は組員が拠出する会費で生活する権利を持つと考える。

たしかに三代目・田岡組長の時代とは異なり、ヤクザは「正業」を持つことさえ許されていない。警察は正業を指して暴力団の資金源になっていると難癖をつけ、現実に潰している。

神戸山口組ではこうした月会費の効用も十分認識しながら、それでも六代目山口組・司忍組長の強い金銭欲を批判する意味もあり、月会費の思い切った減額に出たと思われる。

メンバーの一人が笑いながら言う。

「司さんはこっちの会費を見て、これからどうするんだと話題になってます。こっちにならって減額すれば、今まで取りすぎていたことを自分で認めることになってしまう。あるいは逆に、われわれが組を割って出た分、会費の総額が減った。残った者たちは分裂で減った分も出せと増額するのか。興味津々見守ってます」

大ざっぱにいえば、六代目山口組の直系組長たちは年間一人当たり総額三〇〇〇万円を山口組本部に支払っているとされる。その三〇〇〇万円に見合うカネを山口組の代紋で稼がせてもらっているかとなると、大いに疑問だろう。たいていの直系組が組員を数十人に減らして毎月ピーピーしている。

ある直系組長は自分の名では貸してくれる相手が一人もいなくなり、女房に向かって「すまんがお前、親戚の叔母さんに二〇〇万円だけ都合つかんか、聞いてくれるか」「同じお願い二回も三回もできないわよ」と当然、女房はいい顔をしない。

こういう暮らしをして毎月の会費をひねり出している組長が多いとされる。会費を払えば払うほど借金が増えていく、というのも頷かれる。

神戸山口組ではヒラの若い衆の支払額は年間一二〇万円にすぎない。両派組員の支払額はえらい違いではないか。

つまり神戸山口組は弘道会支配の山口組を全否定する形でスタートした。三代目組長・田岡一雄の時代、山口組の月会費はわずか二〇〇〇円だった。田岡は自分で港湾荷役や神戸芸能の仕事をしていたから、山口組の月会費で食う必要がなかった。四代目組長・竹中正久が四代目に就く前、支払っていた月会費はわずか一〇万円だった。彼の短い組長在任期も一〇万円だったが、五代目渡辺芳則組長になって月六五万円にアップしたという流れがある。

「田岡の時代に帰れ。組長は組の会費で食うな。そうなれば、本部に集うメンバーたちは和気藹々《あいあい》と気持ちを一つにできる」というのが神戸山口組の思想である。私は分裂前、こうした思いを直系組長の一人から聞いている。

九月五日には神戸山口組が各方面に送る「御挨拶」文も発表されたが、それにはこう書かれている。

「現山口組六代目親分に於かれては表面のみの『温故知新』であり、中身にあっては利己主義甚だしく、歴代親分特に三代目親分の意を冒瀆する行為多々あり、このまま見て見ぬふりで見過ごしにする事は伝統ある山口組を自滅に導く行為以外考えられず、我ら有志一同の者、任俠道の本分に回帰致し、歴代山口組親分の意を遵守する為六代目山口組を離脱致し、新たなる『神戸山口組』を発足し、歴代親分の訓育と魂魄を忘失する事なく心機一転、肝刻致し、新しい神戸山口組に身命を賭す覚悟であります」

だらだらと一つながりで意味が分かりにくいが、大意はこうだろう。

〈司組長がやっていることは自分さえよければ、直系組長たちがどうなろうと知ったことかという「利己主義」である。彼が「古きを尋ねて新しきを知る」といって、かつての組長の墓参りをしたり、その未亡人を訪ねたりしたところで、田岡、竹中という親分たちを大事にすることにはならない。ほんとに大事にしたいのなら、先輩達に学び、自分の生活を質素に律することだ。組の上に乗って贅沢三昧するのは大間違いだ〉

神戸山口組に移ったメンバー（六代目山口組の元直系組長）はこう語っている。

「今回の分裂は年貢の取り立てが厳しい悪代官に対して、直系組長たちが百姓一揆を起こしたのと同じことです」

また別の神戸山口組メンバーによれば、より正確には「逃散《ちょうさん》」だという。

「お宅の土地には住めません。よってわれわれは他所に移ります」というわけで、われわれとしては平和裡に山口組を出た、向こうと喧嘩するつもりはないというのだ。

今回の分裂に対して、あれこれ観測が行われているが、いずれにしろ分裂の根っこにあるのは経済だろう。司組長は野放図に直系組長たちからカネを収奪しすぎて、組長の任を最後まで全うしないうちに直系組長たちから反乱を起こされた。不況の今もバブル期の金銭感覚を引きずっているのかもしれない。天下の「山口組親分」の名は地に落ちたといえる。

こうして神戸山口組は神戸に布陣した。勢力に優れる六代目山口組はこれにどう対処しようとするのか。

司組長は今回の分裂騒ぎで文書を発表、九月一日、山口組総本部で開かれた定例会で直系組長たちに配ったようだが、そこにはこんな風に書かれていた。

「山口組には、内紛・離脱・分裂などをくり返して成長してきた、その過程の中で、有能な多くの人材を失ってきた歴史の反省と学習があった。（略）

彼らは、その体験者であるにもかかわらず、学習能力と反省がないのかと思うと、残念でならない」

反乱を起こされたのは起こされるだけの理由があったからだろう。自らを振り返ってそこを見ず、他を指さして「残念でならない」というのはいささか説得力に欠ける。この際、双方に問われているのは書かれた言葉ではなく、どう行動したか、どう行動しようとしているかだ。お題目ではない。

六代目山口組の行動としては、まず防弾チョッキの購入、着用が上げられる。弘道会では全員防弾チョッキを自費で買うよう指令したし、山口組本部でも当番の者たちは防弾チョッキを着用して警備に当たっている。

巨大組織は敵にとっては的が大きい。どこを撃っても的のどこかに当たる。だから六代目山口組が攻撃より防御を優先するのは理にかなっている。

ある直系組では八月二七日以来、全直参（直系組の組員）が組本部事務所に宿泊するよう指令があり、全員、男だけのむさ苦しい生活に往生しているという。

六代目山口組では神戸山口組に移った組の幹部などに接触、「組長を捨ててお前だけでも六代目山口組に残れ。残れば優遇する」と切り崩し工作を展開してきたが、なぜか入江副組長が率いる宅見組に対しては切り崩し工作を中止するよう通達が出たとされる。

なぜ宅見組を切り崩さないのか。入江副組長が握る司組長の脱税を証するメモが物をいい、脱税事件へと爆発させたくないからと観測する向きがある。しかし入江副組長が本当にメモを残しているのか不明な上、金融機関を通さず、現金を手渡しで受け渡しする場合、なにひとつ証拠が残らず、誰々にはこれだけの所得があったと立証するのは難しいとされる。

その上、会費収入は町内会やファン・クラブなどと同じく法人格を持たない任意団体の、収益を目的としないカネだから、社会習慣上、課税対象にはならないという考えがある。

たまたま北九州市を牛耳る工藤會の脱税事件では、同会の金庫番とされる総務委員長・山中政吉容疑者の詳細なメモが残っていた。山中容疑者は面倒臭がり屋の野村会長に代わって、第一位の愛人にいくら、第二位の愛人にいくらと、自らお手当を払い込んでいたばかりか、月会費の支出項目（金額や使途）を詳細にメモしていた。一説に自分が使い込んだのではないと後で弁明できるよう証拠を残したかったからだとされる。

このメモが家宅捜索のとき福岡県警に押収され、捜査員が大変な物を発見したと福岡地検に相談し、地検もすぐその重要性に気づき、国税局の協力を仰いで、三者が力を合わせて脱税事件を解明したという。それが一五年六月に結実して、工藤會・野村総裁脱税事件の摘発となった。

実際問題、こういうメモでもないと「あんたの所得だ」と決めつけるのは難しい。そのため司組長に対しては山口組の月会費ではなく、水や日用雑貨品の強制売り付けで行くという見方がある。こちらの方が会社を介在させているだけに財務資料が残り、脱税を立証しやすいからという理由だ。

神戸支局詰めの全国紙記者が言う。

「山口組の水や雑貨品を一手に引き受けている会社は神戸市兵庫区にある『アトレジャパン』です。同社は取引商品の約六割を各地の山口組系二次団体に売っている。また神戸市北区山田町に通称『山口組会館』と呼ばれる葬祭場も持っている。

一〇年四月、兵庫県警が魏孝行という同社の元社長を、知人男性から現金五〇万円を脅し取った疑いで逮捕し、同社と葬儀場を家宅捜索してます。一一年二月には愛媛県警が山口組系組織の特定商取引法違反事件でアトレジャパンを家宅捜索し、伝票やパソコンなど三〇〇点以上を押収している。同時に山口組総本部にもガサを掛けてます。

この会社は山口組・髙山清司若頭の会社とされ、利益の大半を髙山若頭に渡しているのでは、と疑われてます」

兵庫県警はアトレジャパンを突破口に、髙山若頭―司組長のルートで迫るのではという観測がなぜか、大阪地区の六代目山口組系組織では行われている。

抗う獅子・竹中組

察するに六代目山口組系組織には早くも厭戦《えんせん》気分が漂っているようだ。他団体も神戸山口組を容認する気配があり、甚だしい場合には神戸山口組の方が本流だという見方さえ生まれている。とすれば、月の会費も安いことだし、同じ山口組の代紋を使えるなら、神戸の方がいいかという気分である。

司組長は九月九日に突然、六代目山口組の直系組織、二代目柴田会（姫路）の安東美樹会長（六〇歳）に名門の竹中組を継がせると決めた。安東会長は山一抗争の最後、竹中組幹部として一和会会長・山本広宅に迫撃砲を撃ち込み、警官四人を負傷させた罪で熊本刑務所に二〇年間服役した経歴を持つ。今、売り出し中の「幹部」（山口組の役職名、若頭補佐の候補）であり、九月一日の定例会で阪神ブロック長代理と「総本部責任者」に指名されたばかりだ。近い将来、若頭補佐に任じられ、竹内若頭補佐の右腕になると嘱望されている。

総本部責任者は一年三六五日、無休で一七時まで本部に詰めるようだ。おそらく司組長は分裂計画が、直系組長たちが本部に参集した後、謀議されたことを知り、二度と再発させないよう、安東会長に監視・管理態勢の強化を指示したと見られる。

しかし、事情を知る者は「この時期になぜ」、とキツネに摘まれた顔をした。おそらく司組長としては分裂の危機に際して竹中組の名がほしかったのだろうが、打つ手としてはいささかちぐはぐ感が拭えない。

六代目山口組は二代目柴田会・安東美樹会長に二代目竹中組という名跡の復活を許し、すでに安東会長は正式に襲名のないまま、「二代目竹中組」と大書した大看板を用意するなど、部分的に竹中組を名乗り始めていると伝えられる。

だが、竹中組の使用には思わぬところから差し止めの動きが出た。四代目山口組・竹中正久組長や、その実弟である竹中組・竹中武組長、また同組・竹中正相談役（共に故人）の遺族が強く反対の意向を唱え始めたのだ。

総じて竹中組長の親族は女系が強く、遺族は揃って女所帯であり、当然のことながら堅気である。一家の父祖に前記、竹中三兄弟という有名ヤクザがいたことは事実だが、今、親族にヤクザはひとりもいない。とにかく現在の竹中家とヤクザ、暴力団を二度と結びつけたくない。それで竹中組という名称使用の差し止め訴訟に出ようというのだ。

読者は思うかもしれない。堅気の親族がどうやってヤクザのやることを差し止められるのか。一体どういう理由をつけて「姓」の使用を差し止められるのか、と。

疑問はもっともだが、これらについては後回しにしよう。

訴訟の中心になるのは竹中武組長の長女である。およそ三〇年前に始まった山口組対一和会抗争のときには高校一年生ぐらい。四〇代半ばの女性である。高校のとき彼女は非常に利発で成績もよく、中でも英語は岡山市に外国人の訪問があったとき、その通訳候補に上がったほど上手だったという。

が、この長女も山一抗争で犠牲になった一人である。抗争のため通学できず、毎日高校の先生が竹中家に通って勉強を見てくれたが、それも長くは続かず、結局、彼女の学業は中途半端で終わったという。実父が抗争の当事者だったから、まあ、仕方のないことではあったのだが。

竹中組の元組員が当時を思い出して言う。

「気性は武組長の生き写しです。核心を突いたことをズバッと言う。誰に対しても遠慮しない。正義感が強く、曲がったことは曲がっていると絶対指摘する。非常に頭もいい。勝ち気です」

筆者は山一抗争のころ、岡山の竹中家を何度か訪ね、武組長に取材している。武組長は主戦派で、一和会・山本広会長のタマ取りを諦めず、当時、焦点に立つ人だった。

取材の折、武組長の奥さん（〇九年死没）や娘さんにもお会いしている。私が贈った花を描いたエッチングを壁に掛けてくれていたことなど、うっすらと記憶に残っている。

安東美樹会長は山口組系信原組（加古川市）の組員だったが、八三年九月信原組が解散したのに伴い、竹中組に移籍し、当時は武組長の秘書として組事務所に詰めていた（組事務所の奥に棟続きで竹中家があった。庭に別棟の茶室があるなど、渋く落ち着いた構えの家だった）。武組長はほとんど居宅の方で取材に答えてくれた。

一度安東会長が運転する車でJR岡山駅まで送ってもらったことがある。車中、安東会長は武組長について「文武両道に優れた人」と語っていた。彼が八八年五月、一和会会長・山本広宅を襲い、張り込みの警官三人を負傷させ、山広宅に向け、てき弾を放つ前の話である。

だから当然、長女も安東会長のことは若い時分から知っている。しかし安東会長は山広宅襲撃事件後、指名手配され、後藤組などの支援を受けながら逃亡を続けた。彼はこの期に、なぜか竹中組を離れて山口組系一心会・桂木正夫会長の舎弟盃を受け、一心会に移籍した。桂木会長は当時、山口組の若頭補佐だった。

当時、武組長は貧乏ではなかった。安東会長の逃亡生活など余裕で面倒を見ることができたから、カネが理由ではない。察するに安東会長は襲撃に失敗したこともあり、執拗に抗争継続を主張する武組長が煙たかったのかもしれない。竹中正相談役は武組長の兄に当たるのだが（正久組長の弟、姫路に住んでいた）、彼などは当時、「山広（山本広一和会会長を指す）はどうした、安東はやらんのか」と安東会長の「戦績」に不満顔だったという。

だが、とはいえ、山本広宅襲撃事件はあらゆる障害物を蹴散らして山本広一和会会長を殺そうとする武組長や安東会長らの殺意を伝え、一和会の幹部たちは震え上がった。八九年三月、一和会は解散、山本広会長の引退が決まった。

安東会長はこの事件で逮捕、起訴され、熊本刑務所で懲役二〇年の刑をつとめる。武組長は山口組を脱退し、組員の大半は「山菱の代紋がなければ食えない」と離脱に反対して竹中組を去った。竹中組は組員が激減したが、武組長は初心を曲げず、一本どっこで竹中組を続けた。

私は当時も竹中兄弟と連絡を取り合っていたが、武組長は竹中組の若頭に誰を据えるか、悩んでいた。竹中正久組長が姫路で健在だった八〇年五月、竹中組は関西二十日会に属する木下会・髙山雅裕会長を射殺し、同会の組員四人を殺傷する姫路事件を起こした。

この事件で長期間、服役した髙山一夫幹部が出所すると、武組長はその労に報いるため、彼を若頭に据えた。が、いったんは据えたものの、「髙山を人前に出すのが恥ずかしいんや」と洩らしていた。

東京で、ある事業家の接待を受ける髙山若頭の姿を目撃したことがある。彼はたしかに満足に受け答えできず、武組長の感想はもっともと思ったことがある。

後日、この髙山若頭は山口組の髙山若頭に話をつけ、武組長を引退させ、自分が三代目組長として竹中組を山口組に復帰させるという案を持ち込んだが、武組長は髙山若頭に会い、髙山一夫に三代目竹中組を名乗らせる提案に腹を立てた。

竹中正久組長が四代目組長についたとき、武組長は岡山で単に竹中組と名乗る組を率いていた。兄の四代目襲名に伴い、武組長が山口組本家の直系組長になったが、そのときも単に竹中組で二代目を名乗らなかった。要するに竹中組には二代目がない。三代目という名乗りは一体、どこから来たんだ、と髙山若頭を笑い飛ばして相手にしなかった。

武組長は髙山一夫若頭を破門し、彼はほどなく病死した。

また武組長が東京・新宿に仮事務所を持っていたとき、武組長とHという若い男が和牛肉を仕込むシノギを進める場面に居合わせたことがある。私は言葉の端々からHの優秀さに気づき、どういう人物か、後で武組長に確かめてみた。と、武組長は「ああいう男がうちの（若）頭でいてくれたら」と洩らした。Hは暴力団に籍を置かない、むしろ半グレ系だったから、叶わない話ではあったのだが。

安東会長の出所が話題になり始めたころ、竹中兄弟から「跡目は安東だ」と聞いた。武、正兄弟はふだん電話で話し合う様子もないのだが、考えていることは不思議と同じだった。このことは兄弟を知る誰もが言うことである。

だが、武組長は安東会長の出所を待たず、〇八年三月、肝臓がんで死去した。筆者は岡山大学附属病院に伏せる武組長を見舞ったし、岡山での葬式にも参列して武組長の死に顔も拝した。会場には山口組に列なる者の花輪が一本もなく、むしろ他団体からの花輪が目についた。

一〇年末ごろ安東会長は出所したが、正久組長と同じく姫路市深志野にある武組長の墓参りはしても、岡山の竹中家には一度しか行かなかった。武組長が組事務所兼居宅としたのは岡山市である。武組長の遺産を相続した長女、次女は今なおここに居住している。安東会長が武組長の位牌に手を合わせたのも一度ぐらいで、とにかく岡山には寄りつきたがらなかった。

安東会長は前記一心会の副会長になり、彼から山口組本部の月定例会にも自分が出ているという手紙をもらったことがある。直系組長たちと肩を並べ、定例会に出られることが誇らしかったのだろう。

その後、安東会長は一心会の若頭代行になった。おそらく彼は竹中組を継いだら飯が食えない、山口組に所属してこそヤクザとして昇進できると考え、竹中組を忌避したのだろう。

当時、正相談役は竹中組の組長代行という肩書で形だけ竹中組を存続させていた。そのころ正組長代行に安東会長はどうかと聞いたところ、彼は前言を翻し、

「あんな者に継ぐ資格はない。一心会や柴田会をウロウロしてるような奴がなぜ竹中組を継げるのか」

と吐き捨てるようにいった。安東会長は出所後、まっすぐ竹中組に戻れば、二代目組長として歓迎されたはずだが、戻らなかったから資格を失ったとみられる。

竹中正組長代行も一四年三月に亡くなり、同時に竹中組は消失したとみられる。

今、竹中家の親族と竹中組の元組員の多くは竹中組がこのまま消失するよう願っている気配がある。親族はおしなべて「このままそっとして置いてほしい」と口にする。

竹中家の身内が言う。

「安東さんは出所後、自分の親分だった人の長女ともろくに話したことがない。そういう人物に竹中組を継ぐ正統性があるのか、司組長という人物がなぜ竹中組の復活を許すといえるのか、それが分からないというのが長女の気持ちのはずです」

一度安東会長は深志野の墓地前にテントを張り、墓参の直系組長たちに茶を供したことがある。墓地近くの御着《ごちゃく》に兄弟の姉が住み、すぐ気づいて安東会長に「誰の許可を得たのか」と問い詰めた。と、安東会長は墓参りに誰の許可も要らないはずと返した。このやり取りを引き取った長女は「墓参とテント張りは違う。ヤクザにウロウロされては墓参りの堅気が怖がる。そんなことも分からないのか」と難詰したという。

当時、長女は武組長の持ち物だった自宅近くのマンションを売りに出していたが、ヤクザ物件というので買い手がつかない。購入者に銀行の融資も保証できない。「あんたにウロウロされるのは迷惑だ」というと、安東会長は「じゃ、私が銀行に行き、ヤクザに関係のない物件だと説明します」と答えた。長女は「バカか、あんたは。あんたが行けば、よけいヤクザ物件と思われるだけだろう」と呆れたという。

安東会長はきまじめで誠心誠意ことに当たれば、相手も分かってくれるはずという思いがあるようだ。ヤクザとしては珍しい感性である。しかし銀行の暴力団排除条項は厳しく、無関係と説明して分かる相手ではなかろう。

今回、安東会長は司組長から「竹中組の名乗りを許す」といわれ、早速竹中家の親族五人に許可してくれるよう手紙を出した。安東会長は筆まめで、事務能力にも優れている。親族はヤクザからの手紙に恐怖を感じ、一時は開封しないまま長女がまとめて安東会長に返送することも考えたという。竹中家の親族は背後で柴田会の若い者が動いていると恐怖さえ感じていたようだ。

が、結局、武組長の長女は弁護士に相談し、開封して中身を確かめてみた。と、安東会長は次のようなことを書いていたらしい。

〈今回、不本意ながら竹中組を継ぐことになった。許してくれるなら墓の掃除だけは毎日欠かさない〉

長女は安東会長に竹中組の名称使用を許す気はない。すでに縁もゆかりもない人であり、そういう人物になぜ名を許して竹中家が不利益をこうむらなければならないのか。

そのために考え出したのが静穏権訴訟である。人は静かで穏やかな生活を送る権利がある。基本的人権の一つとして暴力団組事務所の撤去や組長宅の移転などに効果を発揮してきた考え方である。

これまでは建物など有体物について静穏権が認められてきたが、これを「姓」という無体物に拡張する。竹中組という組名乗りを許せば、残された堅気の竹中家の親族が一様に静穏を乱される。竹中家と竹中組を結びつけて考えられるのは不快だし、実際上、不動産の売却などで不利益もこうむっている。これが認められれば単に竹中家ばかりか、近隣の住民すべてが風評被害を免れ、利益を得る可能性が高い。

手順としては岡山県か兵庫県の弁護士会の民暴委員会（民事介入暴力対策委員会）所属の弁護士たちに話を持ち込み、被告は安東会長単独にするか、司組長も含めるか、弁護士と相談の上、決める運びになるだろう。

弁護士とすれば、初めて「姓」という無体物に静穏権を認めようというのだ。新しい判例を作れる。勝つ気で取り組むのは当然だろう。

長女は六代目山口組、神戸山口組のどちらにも味方しないし、どちらからも援助を受けない。ひとりの堅気の女性として親族の力も合わせ、自力で暴力団と戦う決意である。

筆者は安東会長とも知らない仲ではない。まじめで忍耐強く司組長に忠誠を尽くしている。司組長が安東会長に目を掛けるのは当然と思うし、おそらく今回を逃したら、竹中組の復活は二度とあり得ないだろう。

しかし、ひるがえって考えれば、竹中組の復活が何の足しになるというのか。死んだ武組長、正相談役も決して喜ばないと思う。

武組長が山一抗争で示した弘道会の働きに感謝したことはある。中でも八八年四月、札幌ススキノの外れの喫茶店前で弘道会司道連合の幹部が一和会系加茂田組内二代目花田組・丹羽勝治組長を射殺した事件は直接竹中組に関係して、思いはひとしおだったはずだ。

実はそれより二年前、八六年二月、深志野の竹中正久組長の墓前で竹中組内柴田会の組員二人が射殺される事件が起きた。撃ったのは同じ花田組の幹部だった。図らずも弘道会が竹中組のため仇討ちを果たしたわけで、この時点で武組長は弘道会の働きを高く買っていた。

山口組六代目に司組長が就いたのも歓迎したが、実際の組運営を見聞きするうち、徐々に幻滅し、髙山若頭の采配に嫌悪を感じ始めていた。司組長の服役中、留守を守る髙山若頭を、事の筋を重んじない人物として、むしろ小物視していた。

反骨の武組長が生きている間に山口組が受け入れたならば、山口組の大度を語るものとして喜んだだろうが、死んだ後、どう扱われようと関係ない。

武組長には長いものに巻かれる習慣がなく、それは長女も同じだろう。多くの人がどれほど恐れようと、立ち向かわなければならない相手には敢然と立ち向かう。

筆者は八八年一月『荒らぶる獅子　山口組四代目竹中正久の生涯』を著し、そのあとがきにこう記した。

「とりわけ故人の実弟である竹中武、正両氏からは、通常の遺族がよくなし得ない深い理解とお力添えをいただいた。故人はどのような分野の人であれ、おおむね美化されがちである。それを自ら赤裸の事実を語って、真実だけが人を打つことを証されようとした。拙著が類書と異なり、故人のゆえない美化から免れ、人間性の真実の一端なりとを著せた部分があるとすれば、ご兄弟のおかげである」

この言葉に嘘偽りはない。竹中兄弟は私の胸に、私の著作の中に生きている。今さら竹中組は必要ないと私も思う。竹中兄弟はすでに物語の世界に入り、ヤクザだけのものではない。

パクス・ツカサーナの夢

山口組は大正四年（一九一五年）に初代・山口春吉によって神戸市兵庫区に設立され、二〇一五年が創立一〇〇年だった。

なぜ山口組は創立一〇〇年にして二派に分裂する危機を迎えたのか。分裂劇の根底には「司—高山路線」に埋め込まれた「司幕府」樹立の考えが陰を落としている。司幕府とは何か。弘道会に太いパイプを持つ愛知県警の捜査関係者がかつてこう語っていた。

「司組長時代の弘道会では、長いこと司組長が任俠道の夢を語り、それを高山若頭が着々と実現していくという態勢を取っていた。この態勢は司組長が山口組の六代目になっても、刑務所の中に入っても（司組長は組長就任後の〇五年一二月から一一年四月まで銃刀法違反罪で大阪拘置所、府中刑務所で服役）、変わるものじゃなかった。司組長の夢とは天下統一と司幕府の創設です。一身に織田信長と豊臣秀吉、徳川家康を兼ねたい。弘道会はまず名古屋と愛知県を統一した。次に山口組の本丸を取った。次にすべきことは上洛ならぬ上京です。首都に軍を進めて天下に大号令する。東京の國粋会（関東二十日会加盟団体だったが、〇五年山口組の傘下に入った）に起きたことは、これです。天下統一を目指す一つの過程として、住吉会系小林会幹部射殺事件（〇七年二月、東京・西麻布で山口組に移籍の國粋会が射殺）も起きた。では、なんのための天下統一なのか。ヤクザ界の平和共存のためです。もう互いに相争う時代ではない。争わずにすむよう統一政権を樹立する。これ以上、警察の餌食になるのはバカらしい。司組長の任俠道はこれほど気宇壮大、長期的な未来を見据えたものなんです」

およそ捜査関係者が吐く言葉とは思えないが、捜査関係者を心服させるほど、司、髙山による司幕府樹立の思いは真剣だったのかもしれない。

現在、暴力団対策法による指定暴力団は全国に二一団体ある。このうち山口組と友好関係にある暴力団は浅野組（岡山県笠岡市）、松葉会（東京）、双愛会（千葉県）、共政会（広島）、福博会（福岡市）、俠道会（広島県尾道市）、親和会（香川県高松市）、会津小鉄会（京都）、合田一家（山口県下関市）、酒梅組（大阪市）、稲川会（東京）など一一団体以上を数える。これらは暮れや司組長の誕生日祝いなど節目ごとに神戸の山口組本部を訪れ、挨拶している。中には司組長、髙山若頭に盆、暮れ「後見料」を支払う組もあるから、司幕府は半ば成立していたと見ていい。

つまり司幕府を中心とすることで全国暴力団の平和共存は図られたのだ。パクス・アメリカーナならぬパクス・ツカサーナ（司幕府による平和）である。

実は弘道会には全国統一の前、名古屋をも統一したという自負心がある。六〇年代、名古屋は地元連合組織「中京五社会」の内部対立をバックに、弘道会の前身である弘田組は大日本平和会系組織との抗争に突っ込んでいく。司組長はこの事件で懲役一三年、髙山若頭は懲役三年の刑に服した。

結局、地元の中京五社会は内紛により解体し、ある組は壊滅し、ある組は弘道会に吸収された。〇三年髙山若頭を主人公にしたＤＶＤ「実録名古屋やくざ戦争　統一への道」四部作が製作されている。この「統一への道」が司幕府の原型になったと考えていい。

その場合、山口組本家に所属する、分裂前まで七二人いた直系組長たちをどう見るか。彼らは家臣団なのか、旗本集団なのか。出身の名古屋・弘道会を家臣団と見ても不思議ではなかろうが、直系組を、煮て食おうと焼いて食おうと勝手とばかり家臣団と見れば、ギクシャクした挙げ句、反乱・分裂を見る。

いい例が今回、神戸山口組を分派し、組長についた山健組・井上邦雄組長に対する仕打ちだろう。山健組は先代の桑田兼吉組長の時代には組員数七〇〇〇人以上を数え、「山健組にあらざれば山口組にあらず」といわれたほど山口組内で幅を利かせた。山口組きっての武断派であり、多数派だったのだ。

だが、司組長が成立した〇五年前後に山健組から引き抜かれ、直系組長に据えられた組織が数多くある。川内組（根本辰男）、中村組（中村伍男）、井奥会（井奥文夫）、鈴秀組（鈴木秀具）、大門会（大関大）、極心連合会（橋本弘文）、太田興業（太田守正）、木村會（木村阪喜）、大同会（森尾卯太男）などだ。

ここで注意すべきは、直系組長に抜擢された者が忠誠を尽くすべき相手は司組長であって、出身の山健組に対してではないという一事である。直系組長に引き立てられた者は引き立てられた当日から出身の山健組を忘れる。ある場合には山健組と対立する。つまり傘下の組員から直系組長を出すことはストレートに出身団体の組員減、勢力減を意味する。

山健組は司組長や髙山若頭からこれをやられた。山健組七〇〇〇人が二〇〇〇人にまで減少した主因である。その後も現状以上に傘下から直系組長を出せと迫られたし、井上組長自身も若頭補佐から舎弟に直れと再三要求された。山口組の場合、若い衆から舎弟になるのは出世ではなく、第一線を退く、半ば引退を意味する。舎弟の座は中二階のような存在なのだ。

井上組長はこれに耐えた。

「山健組は解体寸前まで追い詰められた。井上組長は辛い時期を耐えに耐えた。井上組長だから耐えられたわけで、他の組長には絶対、耐えられない。それで最後、今回の神戸山口組の旗揚げになったわけです」(山口組の内情に通じる関係者)

「司―髙山路線」は家臣団を文字通り分割し、大を削って小にした上で統治しようとした。井上組長は崖っぷちに追い詰められ、最後の最後、逆転の踏ん張りを見せたわけだ。

「六代目山口組がやることは殺気立っている。たとえば福井の川内組・根本辰男組長が辞任を申し出ると、組事務所の所有名義を息子の名前にしているのが気に入らないと、罪過もないのに根本組長を破門して外に放り出し、組事務所を取り上げようとした。組事務所は山口組の代紋で稼いだカネが元になっている。だから、引退するなら全部財産を吐きだし、置いて行けという論理なんです」（同前、関係者）

強慾資本主義以上の山賊資本主義というべきか。旅人を身ぐるみ剝いで裸で放り出す。

ヤクザの民主化、自由化という奇怪

読者には奇怪に聞こえるかもしれないが、今回の分裂と神戸山口組の成立には基調低音として「独裁反対」という民主化、自由化を求める声が流れている。だからこそ前記したように彼ら自身が「百姓一揆」や「逃散」になぞらえるのだ。

そしてこのことには他団体も薄々気づいている。神戸山口組は逆盃した当事者であるにもかかわらず、前記したように業界の孤児にはなっていない。

他団体から見て、どちらが山口組らしい組織かといえば、弘道会支配の六代目山口組より神戸山口組だという声が強い。神戸山口組が分裂を仕掛けた側だというハンディは半ば解消されるのかもしれない。

首都圏の暴力団世界でも、むしろ神戸山口組が好かれている。六代目山口組を代表するのは弘道会だが、弘道会はせっかくまとまった話を後になって蒸し返し、イチャモンをつける。そこへ行くと山健組は筋が通った話なら、すんなり退いてくれる。神戸山口組の方が、我々としてもつき合いを続けられるというのだ。

しかし、どちらにしろ暴力団は時代錯誤の産物である。実際の親子でも関係がギクシャクしがちである。にもかかわらず、擬制的な親子関係で組織を固めるなど、時代に後れている。神戸山口組も伝統的な盃で組織を固めようとしている。民主化を徹底せず、中途半端で終わらせている。半グレ集団にシノギの主導権を奪われつつあるのは当然だろう。両派とも分裂により得る物は何もなく、地盤沈下をいっそう加速するだけだろう。今回の分裂劇は山口組の真の終わりの始まりを意味するはずだ。

第一章　名古屋王国の隆盛

山口組の司忍組長は一一年四月九日府中刑務所を出所し、晴れて再び六代目の椅子に座った。

司組長が大阪拘置所に収監されたのは〇五年一二月五日のことである。以来、五年五ヵ月間、六代目組長のまま服役し、山口組の留守は腹心の髙山清司《きよし》若頭が守ってきた。

司組長が不在の間、髙山若頭が振るった采配は後述する一点を除いて完璧以上であり、ほとんど「快刀乱麻」といって過言ではない。

〇七年二月、東京・西麻布で山口組系國粋《こくすい》会の組員が住吉会系小林会・杉浦良一組長代行を射殺する事件が発生したが、山口組は襲撃したのが誰か、実行犯の解明と謝罪をとりあえず棚上げしたまま、住吉会と会談し、休戦することに成功した。

國粋会・工藤和義会長は事件発生から一〇日後、おそらく自責の念にかられたのだろう、東京・台東区の自宅で拳銃自殺した。髙山若頭は後任の國粋会会長に同会の理事長をつとめる信州斉藤一家・藤井英治総長を就け、同時に藤井会長を山口組本家の新直参《じきさん》に据えた。髙山若頭は首都圏進出の橋頭堡というべき國粋会の支配を、さらに強固なものに、言い換えれば六代目山口組により忠実な態勢に、据え直したのだ。

〇八年一〇月、髙山若頭は、かねてから執行部批判が目立った舎弟・後藤忠政後藤組組長を除籍処分にした。後藤組長は山口組本部での月定例会に出席せず、自分の誕生祝いのコンペを地元の富士宮市で開いた。山口組執行部はコンペ開催がメディアに騒がれたのを幸い、後藤組長を山口組から追放したが、逆に後藤組長に同調・擁護する直系組長一三人が連判状形式で執行部、中でも髙山若頭を激しく糾弾した。

このとき采配を少しでも間違えれば、山口組は再び分裂の危機に直面しかねなかった。だが、髙山若頭はここでも災いを転じて福に変えた。すなわち時間差を設けて連判状に名を連ねた直系組長を次々除籍や破門、絶縁などの処分に付し、山口組からことごとく追放した。彼らが率いていたそれぞれの組は、髙山若頭が各組の若頭や本部長など若手幹部を直参に引き上げたことで、処分された古参組長たちの手兵であることを止めた。処分された直参らは山口組を永久追放され、二度と山口組本家に出入りすることはできなくなった。

渡辺芳則組長の五代目時代か、それより前に直参に引き上げられた古参で年長の直系組長たちをこうして追放することで、出所後、司組長の威令がより容易に全山口組に行き届くよう変えられた。髙山若頭は司組長の出所を見据えて、それまでに山口組から雑音を排し、地ならしをしたと評すべきかもしれない。

他方、髙山若頭は他の暴力団との友好を深め、山口組が友好の中心に居座ることで、暴力団世界の盟主になることに成功した。

すなわち会津小鉄会（京都）、共政会（広島）、俠道会（尾道）、双愛会（市原）、福博会（福岡）、東亜会（東京）、合田一家（下関）、酒梅組（大阪）、浅野組（笠岡）、親和会（高松）、松葉会（東京）、九州誠道会（大牟田）などと親戚づきあいするか、各団体の後見人をすることで友誼《ゆうぎ》関係を結び、「山口組による平和」をほぼ実現している。

髙山若頭は和戦両様、どちらにも対応できる能吏だったが、惜しくも組長出所を目前にした一〇年一一月、恐喝容疑で京都府警に逮捕され、今もって東京・府中刑務所で服役している。山口組の直系組の一つである淡海一家（大津）髙山義友希総長の恐喝事件に連座し、突如、身柄を押さえられたのだ。

そうでなくても警察庁の安藤隆春長官（一一年一〇月退任、後任は片桐裕警察庁次長）は全暴力団のカナメが山口組で、全山口組のカナメが弘道会（名古屋）と見て、弘道会の会長でもある髙山若頭の逮捕を至上命題としていた。警戒厳重で狡知《こうち》をもって鳴る髙山若頭も警察の手は逃れられず、ついに逮捕された。これにより彼は出所する司組長を出迎え、山口組経営について直接報告することも、意見交換することも不可能になった。

留守を守った髙山若頭の言動の中で、唯一減点となるのは、自らが逮捕されたこの一件のはずである。

司組長が出所する時期は暴力団世界の曲がり角に当たっている。今、暴力団は存亡の危機に立たされているといって過言ではない。長引く不況で暴力団世界は何より基盤となる末端組員が窮乏化し、暴力団からもドロップアウトする状態が続いている。一般以上に上に厚く、下に薄い社会ではあっても、やがては下の困窮が上に反映される日が来ることは明らかだろう。

しかも組長の使用者責任は民法の他、暴力団対策法でも条文が付け加えられ、末端組員の恐喝による被害が組長にツケ回しされる時代が到来した。おまけに暴力団排除条例は全都道府県で制定され、組員たちの生活権さえ脅かされている。暴力団は変質せざるを得ず、山口組もその例外ではない。司組長は今後どう山口組の舵を切るのか。

司六代目「大阪時代」の若き素顔

刑務所内での六代目

山口組の司忍組長が銃刀法違反（拳銃の共同所持）で懲役六年の刑が確定、府中刑務所に収監されてから二年八ヵ月が過ぎようとしている。出所は二〇一一年と見られるから、おおよそ今が服役期間の半ばを過ぎた折り返し点に当たる。

この間、山口組は組内から不協和音が漏れ伝わるものの、全国ヤクザ地図の上では相変わらず一人勝ち状態を続けている。

警視庁にパイプを持つ事業家が周辺情報を伝える。

「時々思い出したように、司組長が刑務所内で病気になったという噂が流れてます。噂の出どころをたどっていくと、関西の府県警本部に突き当たる。警察は山口組を混乱させて揺さぶろうという狙いから、あえて病気というデマ情報を流している。実際には、司組長は病気など寄せつけず、元気のようです。

それと山口組の中堅幹部からよく上がる疑問は、髙山清司若頭の山口組運営はほんとに司組長の意向を受けて、司組長が完全に了解した上で行われているのか、というものです。司組長ならこんな通達や命令を出すはずがないといった思いがあり、司組長——髙山若頭の意思疎通が不十分なのでは、という疑問になる。

しかし弘道会のある幹部が毎月、継続的に面会者のお世話役という形で司組長と顔を合わせてますから、今の山口組運営が司組長の考えから大きく逸脱しているとは考えにくい。ただし、司組長の資質として、自分が服役している間は若頭にいっさいを任せる、口出しはしないという傾向はあるようです」

柳川次郎との関係

実は大阪に今なお司組長が「兄貴」と呼ぶその道の先達がいる。原松太郎氏（七二）である。この原氏が若き日の司組長に「カシラを信用して任せるんだ」とさとした可能性がある。

原氏と司組長はどういう関係にあったのか。その前に原氏の経歴はどのようなものなのか。

「原さんは関西のヤクザには珍しく、こないだ地震があった東北は栗駒の出身と聞いてます。若いころ東京の國粋会にわらじを脱いだこともあるようだが、その後、大阪・西成の飛田遊郭あたりを縄張りに原組を結成して、山口組三代目田岡一雄の若い衆だった北山悟の若い者になり、最終的に北山組の若頭になった。柳川次郎が率いる初代柳川組が飛田新地の売春暴力団鬼頭組に殴り込み、蹴散らしたのは一九五八年（昭和三三年）二月のことだけど、原さんも同じころ飛田に巣くっていた」（古参の山口組系幹部）

他方、司組長（本名・篠田建市）は大分県の南部、臼杵《うすき》水産高校の機関科を一九六〇年に卒業、すぐ大阪に出た。

ここまでは割と知られた話だが、大阪時代の詳細はほとんど伝わっていない。

原松太郎氏とはこのほど大阪・堺市で会い、話を聞くことができた。司組長の大阪時代についてはあまり知られていない。原氏の話はきわめて貴重である。

「大阪・大正区で重石《しげいし》運輸という運送会社をやっていた重石さんという人がいる。この人は司さんと同じく大分出身で、元柳川次郎さんの若い衆だった。柳川さんも大分には縁が深い。当時重石さんはヤクザから足を洗い、かたぎになっていた。その重石さんが当時篠田建市といった司さんを私のところに連れてきた」

柳川次郎は韓国の生まれで、韓国名は梁元錫である。七歳のとき一家で日本に渡り、初めは大阪府豊能郡《とよのぐん》岡町に住んだ。柳川次郎は城東職工学校を出たが、神戸製鋼所の工場が大分県中津に開かれるというので、一九四一年、家族とともに中津に移った。

終戦の年の一九四五年一一月、一家は韓国に引き揚げたが、柳川次郎だけは船に乗り遅れて結局、後に柳川組二代目組長になる谷川康太郎（康東華）と一緒に尼崎に住むことになった。四六年強盗罪で豊中署に逮捕され、五二年鳥取刑務所を出た。二ヵ月ほど大阪・池田市で休んだ後、また大分・中津に戻って三代目村上組・沢田義一の舎弟だった吉富政男の舎弟になった。

一年後、また大阪に舞い戻り、池田市で所帯を持ったが、中津時代の若い者が柳川を頼って次々と大阪に出てくるため、大阪駅を縄張りにして、五五年西宮の諏訪組組長・諏訪健次と親子盃をした。五七年柳川は恐喝で逮捕され、一ヵ月で保釈で出たが、収監中の諏訪組の対応が気に入らず、諏訪組を出て、その後は大阪・西成の梅野組組長・梅野国雄の客分となり、西成に進出、前記のように鬼頭組と抗争する――。

以上のような経緯で大分・中津と柳川組がつながり、また柳川組と大阪・飛田がつながるわけだ。司組長が大阪・飛田に現れたのは、鬼頭組との抗争二年後だった。

大阪でヤクザ志願

原氏が話を続ける。

「重石さんとすれば、司さんに運送会社で働いてもらいたかったはずだ。ところが司さんは若くて遊び盛り、てんから仕事をする気がない。われわれの仲間と一緒に飛田新地で遊び回っていた。しかもヤクザになりたい言うから、わしは重石さんにことわりの電話を入れた。『ヤクザになりたい言うてる。わしが預かってええんか』と。そうしたら重石さんは『本人がそう言うんなら仕方がない。しかし原さん、篠田君がヤクザになる以上、一人前にしてやってよ』『よっしゃ、分かった』とわしは約束したが、司さんはいつの間にか一人前以上になってしまった（笑）」

原松太郎氏が課したヤクザ修行は昔風で、行儀にはそうとう厳しかった。司組長は二年間、楽々とそれに耐え、しかも女性には大いにもてていたという。

「当時は代紋もクソもない。みんな一緒くたになって喧嘩もしたし、遊びもした。山口組もまだ小さく、これから大阪に進出しようかという時期です。わしらもその進出を担って喧嘩に明け暮れていた。飛田界隈は酒梅組が全盛のころで、もちろん司さんも喧嘩に参加したけど、あの人は当時から弱い者いじめをするようなところがなかった。堂々たるものです。

髪の縮れがきつく、手入れに往生していたけど、女にはもてていた。酒は飲まなかった。わしんとこには二年ぐらいおったですか。そのうち名古屋に知り合いがおる。そっちに移りたいというので、そういうことならと送り出したわけです」

司組長は名古屋に移った。一九六二年当時、名古屋の山口組系組織といえば、鈴木こと中森光義組長が率いる鈴木組があるばかりだった。中森組長は田岡三代目の舎弟で、和光荷役株式会社を設立、船内荷役業を営んでいた。司組長が名古屋に移った二〇歳の時、この鈴木組の若頭をつとめる弘田武志組長率いる弘田組に入った。だが、中森組長は一九六六年五月、兵庫県警による山口組壊滅作戦のスタートに伴い、他の山口組系港湾荷役業者と一緒に山口組を脱退した。

中森組長が山口組を脱退した後、鈴木組を実質的に引き継ぎ、山口組の直系に上がったのが弘田武志組長の弘田組である。司組長はこの弘田組でたちまち頭角を現した。若い者を糾合して自ら司興業を立ち上げ、一九六八年、弘田組の先兵として名古屋市中村区の旧遊郭街である大門地区に事務所を開いた。大門地区にはソープランドが点在し、地元勢力の稲葉地一家の費場所だった。

翌六九年五月、名古屋市中区の弘田組系神谷組（神谷光雄組長）事務所が大日本平和会（旧本多会、山口組と全国的に対立した）系山中組小牧支部の組員五名に襲撃され、神谷組員二人が殺され、二人が重傷を負う事件が発生した。神谷組長は弘田組の若頭補佐で、同じく弘田組若頭補佐だった佐々木組・佐々木康裕組長、それに司若頭（当時）は三兄弟分で、きわめて結束が強かった。

神谷組長が地元の警察に逮捕されたため、代わりに司興業――佐々木組連合で大日本平和会に報復することになり、同年七月、司若頭らは大日本平和会春日井支部長だった豊山一家・豊山玉植組長を日本刀で斬り殺した。

再び原氏が続ける。

「うちにおった司さんが名古屋で司興業を立ち上げ、大活躍している。しかも大日本平和会と事を構えている。わしらも安閑とただ見ているわけにいかない。応援を出そうとしたら、親分の北山悟組長が『そんな、人の喧嘩まで買うな』と止めたけど、わしは原組として若い衆を応援に行かせましたわ」

原組を出た後も、司組長は原氏と良好な関係を保っていた。組をこうも簡単に移動できるなど、現在では考えられないことだが、当時は万事大ざっぱだった。柳川次郎の経歴を見ても、気軽に組を移動して、問題になった形跡がない。山口組もまだ管理化が進んでいなかったのだ。

しかし、前記の大日本平和会系豊山組長殺しは次々と犯人が割れていった。佐々木組から豊山襲撃に加わった高山清司若頭も逮捕されたし、襲撃を命じた司忍組長、実行犯を指揮した土井幸政・司興業若頭も逮捕され、司組長と土井若頭は懲役十三年の刑に服することになった。

八三年司組長は宮城刑務所を出所して弘田組に復帰、地元組織と抗争を繰り返し、弘田組若頭の地位を盤石にした。

六代目からの電話

八四年山口組が分裂、一和会を派生させたとき、弘田組長はむしろ一和会寄りだった。司組長は弘田組長を説得して引退させ、弘田組の組員を引き継いで弘道会を結成、山口組の直系組長に上がった。

原氏もまた北山組若頭として、北山悟組長の一和会への分派を戒めた口である。北山組長は一和会で組織委員長に就いたが、原氏は山口組から離れることに反対し、北山組に距離を置いた。と、北山組系悟道連合会会長・石川裕雄（後に竹中正久射殺事件で情報提供する）が子分に命じて原組の若い衆を襲わせ、重傷を負わせる事件が発生した。若い者は多量の輸血を必要としたが、このとき若い者に命じて輸血に尽力したのが当時の山口組・宅見勝若頭補佐だった。一時期、原氏は宅見若頭の恩義に報いるべく宅見組に籍を移したが、後で離れている。

原氏と司組長の考えや行動はよく似ている。現実的考えに優れ、正しいと信じれば、自分の親分さえ動かそうとする。

原氏がその後の思い出を語る。

「山口組・一和会抗争のころ、名古屋の弘道会本部に司さんを訪ねたことがあります。司さんは丁重に迎えてくれ、そばに控える若い衆に声を掛けた。『おい、覚えとけ。この人のおかげでわしの今日があるんだからな』大親分になった人がこういうセリフを吐けるものじゃない。たいしたものです。六代目になった後も、わざわざ私に電話をくれ、『兄貴、懐かしくなって電話した』というわけです。『六代目にもなった人がわしを兄貴いうなんて。そんなこそばゆいこと、言うてくれなはるな』

思わずわしは返しましたけど、一事が万事、こういう調子で、ふんぞり返るなんてことが絶対ない。頭が低く、気さくな名親分です。そのうち府中刑務所で面会できるものなら、ぜひ面会したいと思うてます」

原氏は司組長が六代目についたことで、大阪時代についても、うかつなことはいえないにちがいない。が、それにしても若き司組長の片鱗はうかがえる気がする。

愛知県警の腐敗と弘道会の繁栄

風俗業者と組織犯罪対策課の癒着

名古屋を本拠地とする山口組系弘道会の経済力が強大なこと、愛知県警の腐敗堕落が全国有数のレベルであること──。

この二つの事実はちょっと注意深く社会に目を配っている者にとっては半ば常識だったが、どうやらそれだけではなく、二つが密接に関連していそうな事実がいくつか明らかになってきた。結論を急げば、愛知県警の腐敗堕落があってこそ、弘道会の繁栄があった、そればかりか今なおある、とさえいえそうなのだ。

今のところ両者の関係は状況証拠的に、たぶん癒着が実態なのだろう、両者は持ちつ持たれつ、利益を分け合っているのだろうといえる程度のものでしかない。癒着の一端は一部事件化し、摘発され、処分が科されているのだが、癒着の基本構造はほぼそのまま放置されている。いつか徹底解明される日があるとしても、まだまだ先の話である。

〇七年から〇八年にかけて事件化し、露呈したのは主に名古屋市の繁華街で事業展開する風俗・飲食業者と、その取り締まりに当たる愛知県警組織犯罪対策課の癒着である。

事件をお伝えする前に、県下のおおよその業者関係を見取り図的に示しておこう。名古屋市の繁華街は同市中区の栄・錦だが、栄・錦を中心に高松市など全国にファッションヘルスやキャバクラなどの風俗店、貸金業や不動産業を経営し、進学塾や学校法人などにも手を伸ばしているのが「ブルーグループ」である。

グループのリーダーの名は当初、地元のメディアでは報じられてなかった。ブルーグループ二十数業者と、その幹部らは〇八年一月、名古屋、高松両国税局から一斉税務調査を受け、約八億円の所得隠しで重加算税を含め三億円余を追徴課税されたが、そこにもリーダーの名は記されていない。その後、二〇一一年愛知県警により逮捕されたことで初めて佐藤義徳の名が公表される。

佐藤義徳は二〇〇四年、名古屋東税務署の高額納税者中第五位で名を出す。納税額は約六九九六万円である。また弘道会をモデルにしたＤＶＤ「実録・名古屋やくざ戦争　統一への道　完結編」には「制作」として佐藤義徳の名が記されている。佐藤は弘道会を顕彰するような映画づくりで必要なカネを出したものと見える。名古屋では隠然たる力を持ち、知る人ぞ知る存在である。

八五〇万円の借用書

愛知県警の幹部が解説する。

「『ブルーグループ』は弘道会でも主流中の主流、高山組に近い。名古屋では他に『エクサグループ』があり、これは弘道会でも司興業の手が及んでいる。司興業はご存じの通り、司忍山口組六代目が若い時分、創設した組だ。他に名古屋にはもともとは非山口組系として稲葉地一家があり（その後弘道会傘下）、その系統の松山組が背後に控える松山グループという風俗業者グループもある。名古屋市の風俗業者はブルーグループ、エクサグループ、松山グループの三つが大どころといっていい」

ブルーグループと県警の癒着の一端は〇八年一月末、明らかになった。地元『中日新聞』一月二五日付は一面トップに「愛知県警　警部、捜査対象から借金　八五〇万円、六年返済せず」と五段抜きの見出しを立て、次のように報じている。

「暴力団犯罪を取り締まる愛知県警捜査四課の警部（四八）が、県警の捜査対象となっている風俗店グループの実質的経営者の会社役員（五〇、佐藤義徳を指す）から、八五〇万円の借金をしていたことが分かった。会社役員は暴力団とのつながりも指摘されており、県警監察官室は事態を重視、警部から事情を聴いている」

以上が記事のリードである。文中の「会社役員」が佐藤を示すことはもちろんである。問題の「警部」の名も伏せられているが、県警四課の「W・R警部」である。

以下、記事を続けよう。

「関係者によると、この会社役員は名古屋市中区を中心にファッションヘルスやキャバクラなど数十店を経営する通称『ブルーグループ』のトップ。県警は、グループの売り上げの一部は暴力団の資金源になっているとみて会社役員を重要な捜査対象とみなしている。

〇七年九月、グループ傘下の不動産会社で宅地建物取引業法違反事件があり、捜査四課などが関係先を家宅捜索。会社役員の自宅から、警部が金を借りたことを示す八五〇万円の借用書が見つかった。日付は、二〇〇二年一月ごろだった。

報告を受けた監察官室が事実関係をただしたところ、警部は金を借りたことを認め『借金した当時、会社役員は捜査対象者ではなかった。金は自分のためではなく、知人に頼まれて借りた』と説明。借金は六年近く返済されていなかったが、監察官室が事態を把握した直後に利息分を上乗せして一括返済したという。

警部は会社役員とは数年前、事件捜査の過程で知り合い、暴力団などに関する情報を得るために付き合うようになったらしい。昨年九月の事件捜査には直接かかわっていなかった（以下略）」

ブルーグループの佐藤から八五〇万円を借りたW・R警部は〇八年二月二二日、県警監察官室から「本部長注意」処分を受け、地域課に転属となった。誰がみても唖然とするほど軽い処分であり、たかが「本部長注意」では処分ともいえそうにない。

弘道会と関係が深い業者に汚染された警察官の存在も危機だが、そういう警察官を処分しきれない愛知県警にはいっそう危機を感じる。

だいたいガサ入れのとき佐藤の自宅から見つかったという八五〇万円の借用書はガ

サ入れを予期したかのように、自宅デスクのガラス製書類押さえの下に、これ見よがしに置かれていたという。県警に対する一種の挑戦状なのだ。

「W・R警部が書いた借用書の暴露は佐藤が愛知県警に投げた牽制球なんです。『俺をこれ以上、突っつくな。突っつけば、お前ら火ダルマになるぞ。俺は愛知県警の某署署長を含め合計二三人のデカを飼っている。W・R警部と交わした会話のテープもあるし、俺がカネを渡したデカたちのリストもある。全容をバラされたいのか』ってわけです」（愛知県警の刑事OB）

「監察官室の役割は警官が犯した不正を調べ、処分する一方、不祥事が発生した場合、組織へのダメージを最小限に留めるってことです。OB警部がやったことは本部長注意ですむ話ではなかったけど、監察官室の役割に『組織防衛』がある以上、しかたないことでしょう」（愛知県警の幹部）

捜査資料漏洩で逮捕

だが、警察と暴力団系業者の癒着は「しかたないこと」ですむ話ではない。愛知県警が行う取り締まり情報が事前に暴力団や業者に抜け、捜査が空振りに終わった例は過去、無数にある。たとえば〇七年六月に発覚した捜査情報の漏洩事件はこうである。共同通信の配信記事（〇七年六月八日）から引用する。

「愛知県警の巡査長ら二人逮捕　元上司へ捜査資料漏えい　現金授受か、捜索空振り

愛知県警は八日、刑事部組織犯罪対策課が作成した捜査資料を漏らしたとして、地方公務員法違反（守秘義務違反）の疑いで同課巡査長栗本敏和容疑者（三一）を逮捕、また栗本容疑者に資料を依頼したとして、同法違反（そそのかし行為）容疑で同県警元巡査部長の会社員木村有志容疑者（五一）を逮捕、自宅など関係先を捜索した。

資料の見返りに現金授受があった可能性もあり、県警は二人を追及する。栗本容疑者は容疑を大筋で認めているが、木村容疑者は「記憶にない」と否認しているという。調べでは、二人は一九九八年の中村署勤務時代の上司と部下で、栗本容疑者は昨年九月初旬、木村容疑者から依頼され捜査資料を渡した疑い。

資料は県警が同月、名古屋市のフィリピンパブの不法就労事件で家宅捜索するため、栗本容疑者ら捜査員に配布した捜索配置表だった。実際の捜索では店に人はおら

ず、不発に終わった。

保安課が今年一月、ホストクラブなどの無許可営業などで風営法違反容疑で逮捕した名古屋市の会社役員(四一)の自宅兼事務所を家宅捜索した際、流出した配置表が見つかった。県警は当初の内部調査で、資料を持っている捜査員から事情を聴いたが、栗本容疑者からの申告はなかったという。また、栗本容疑者の口座には入金者のはっきりしない振り込み記録があり、県警はこの内容についても聴取する。

栗本容疑者は九五年に警察官になり、〇六年から組織犯罪対策課に勤務。木村容疑者は七八年から県警に勤務し、九九年に依願退職した。(以下略)」

この事件では〇七年一〇月一八日、名古屋地裁が栗本被告(県警の処分は懲戒免職)に懲役一年一〇月、追徴金八一万三〇〇〇円、木村被告に懲役二年、執行猶予四年を言い渡した。

木村被告は中国籍で人材派遣業を営む楊清賢被告が女性を派遣していたフィリピンパブやカジノクラブなどの摘発情報を事前に入手するため、栗本被告に依頼し、三回にわたり計六二万三〇〇〇円を振り込んでいたという。

愛知県警の組織犯罪対策課は〇七年夏からフィリピンパブの内偵に入り、九月上旬、家宅捜索に着手しようと体制表を十数人の捜査員に配った。栗本被告はこれを木村被告に渡し、木村被告がフィリピンパブに持っていった。当日のガサ入れはこの店だけだったが、もぬけの殻で、捜査は完全に空振り、組対四課は致命的なダメージを受けた。

県警内部の疑心暗鬼

愛知県警で暴力団関係を扱う部署の中心は刑事部の下の組織犯罪対策局である。組対局の下に組織犯罪対策課があり、そこが約一〇〇人、暴力団対策課が別にあり約三〇人、捜査四課が約一〇〇人、国際捜査課が八〇人、他に薬物銃器対策課もある。合計四〇〇人ほどが暴力団関係に従事しているという。また別に生活安全部もときに暴力団関係を扱い、その中心が保安課、あるいは非行少年対策課である。

県警詰めの全国紙記者が言う。

「栗本巡査長は自分で自分のところの情報を売ったわけだけど、愛知県警には自分が捜査に当たっている事件以外は情報を外に流してもいいといった気風がある。大きなヤマを前にすれば、小さいネタには目をつぶるとか、被疑者との間で取引材料にするとか、しょっちゅうやっている。しかも互いに別の部署の人間を信用してない。捜査四課と生活安全部が組んだとしても、互いに『お前んとこが漏らした』って非難しあう関係だから、最近ではほとんど組まない。

市内の風俗業者が言うには、ガサ情報は一〇万から二〇万円が相場だそうです。栗本巡査長がもらっていた程度だから、業者にすれば家宅捜索情報は必要経費ってことになる」

愛知県警の警官モラルはほとんど発展途上国並みといっていい。如何《いか》にひどいかは、他地域ではほとんど地下にもぐっているアングラカジノが堂々繁華街に看板を掲げて営業していることに典型的である。

「白昼カジノを開き、バカラなどをやらせ、客と店との間で大金の授受を平気でやっている。最盛期、市内の盛り場には二七軒のカジノがあった。カジノ一軒は最低でも月に一億の利益を出す。年に一二億円。愛知県警がこの一〇年間、カジノを黙認してきた歴史は重いですよ。警察が暴力団に常設の賭場を開くことを認めてきたってことなんだから。カジノは堅気にはやれません。ヤクザだからこそできる。つまり愛知県

警がここまで弘道会を大きくしたってことです。名古屋市は今や山口組の本拠地になってます」（市内の建設業者）

県警と暴力団の癒着はたしかに底なし沼のようである。

黙認される名古屋の常盆「闇カジノ」

動くカネは一晩で一億

名古屋闇カジノの客は名古屋市や愛知県下から来るだけではない。東海三県（愛知、三重、岐阜）や静岡、北陸のバクチ好きも名古屋に出て来て、闇カジノで遊ぶ。

名古屋の風俗業者が語る。

「名古屋の盛り場といえば、錦三（中区錦三丁目）や栄だ。そこに堂々カジノの看板を掲げた店が三年前の最盛期、二七軒もあった。どこもそうだけど、県の公安委員会というのは県警本部の分身。業者は県公安委からゲームセンターの営業許可をもらい、中でカジノをやっていた。

今は一応闇でやってる。日本のオイチョカブに似たバカラが中心で、ルーレットやブラックジャックの台はほとんど置かない。たいていの店が従業員のマナーや服装に気を遣って、きっちりしてることはアメリカのカジノ以上だ。計算が早く、容姿端麗な男女を揃えている。もちろん客である以上、酒や食い物は全部タダ」

アングラカジノとはいえ、内部は上客だけを相手にするカジノといった雰囲気である。

「夜八時オープンで、翌朝五時ごろまで営業する。この間動くカネだが、流行《はや》ってる店では一晩一億円を超すことも珍しくないらしい。何しろバクチ好きの金持ちたちが東海三県や北陸からも押し掛けてくる。動くカネの五パーセントがテラ銭として店に入る仕掛けだから、一店がわずか一晩で粗利五〇〇万円を上げる。

バカラの場合、バンカー側（店側）、プレーヤー側に賭けるチップの数は同数が基本だが、差額三〇万円までは店が引き受けるところが多い。だけど、不思議なことにこういう場合、たいていバンカー側が勝つ。

胴元（店）はテラ以外にバクチでも勝つわけで、家賃や従業員の給料、客の飲食代、光熱費なんかを払っても、月三〇日として純益一億五〇〇〇万円。しかも闇だから、完全に無税。太い商売です。警察が目をつけ摘発の準備にかかってもその前に店を移す。店の改装に結構カネをかけてるんだけど、それを捨てても、新規店にカネを掛けても、全然苦にならない。

名古屋では警察のカジノ黙認で公然営業の歴史が一〇年あるけど、二年前からアングラ化とデラックス化が両方進んでます」（前出の風俗業者）

家賃と一緒に「みかじめ」を取り立て

地元のヤクザに言わせれば、バクチは博徒の「正業」、カジノを開いて何が悪いとなるのだろうが、賭博の開帳ばかりか、客となることさえ全国で違法である。ましてカジノは常設の賭場なのだ。「常盆」が愛知県だけOKなど、奇怪きわまる。

市内盛り場のクラブ店長が語る。

「ヤクザが店の子（ホステス）をさかんに誘ってますね。

『太い客をうちのカジノに連れてきてよ。アフター（店が終わった後の客とのつき合い）のとき、「一度覗きたい店があるから、連れてって」と言えば、男がのこのこついてくるんに決まってるやんか。客が使ったカネの一割、あんたに戻すからさ。大きいよ、これは』てなもんです。

もちろんヤクザのこうした動きは、店に出入りする刑事も摑んでます。カジノの場所だって把握してる。だけど、彼らは情報を上に上げない。相手がカジノ側ってことはヤクザってことですけど、カジノ側からカネをもらってるから、摑んだ情報は捜査に使わず、プライベートなカネに換える。

刑事に忠誠心があるかどうか知らないけど、忠誠心は警察に向けられず、カネをくれるヤクザに向けられる。そうとしか思えない」

弘道会が典型だが、愛知県下の暴力団は今どき珍しくカネに恵まれている。

前出のクラブ店長が続ける。

「クラブやキャバクラ、ラウンジなどは市内に何百軒もあるし、ファッションヘルスは四〇〇軒を超えている。ヘルスの場合、みかじめ（カスリ、用心棒代）は一室当たり月一万円が相場らしい。一店に一〇室あるとして、月一〇万円のみかじめです。パチンコホールは月一〇万～一〇〇万円、キャバクラは五万～一〇万円。カジノのみかじめは月五〇万～一〇〇万円が相場だけど、こればかりはヤクザの直営だけといっていいほど、ヤクザに近い。

しかも最近、みかじめを払うと暴力団対策法で払った方も罰せられるというので、飲食店ビルや風俗店ビルのオーナーが、ビルに入る全業者から家賃と一緒にみかじめを取り立てている。ヤクザが工作したからこうなったわけで、ヤクザにとってこれほどいいやり方はない。暴対法には触れず、しかも取りはぐれがない。手が掛からず、みかじめを確実に取れる。錦三だけで二〇〇〇軒以上の店があり、店の九九パーセントがみかじめを払ってるから、みかじめだけでも莫大な収入になる。

錦三は八割方が弘道会の仕切りで、弘道会は風俗案内所も押さえている。業者のカネはあらかた弘道会に入る仕掛けがきっちりできてるんです。県警がやってるのは各店に『暴力団入店お断り』のシールを配ることだけ。何もしてない」

相互不信の捜査二課と四課

盛り場の代表格である新宿・歌舞伎町でさえ、半数以上の店が「みかじめ」を払っていないとされる。名古屋は「みかじめ」でも異常であり、結果として愛知県警が、ここまでヤクザを肥大化させたと言われても反論できまい。

県警のお粗末さは県警の幹部さえ、匿名を条件に認めている。

「県警本部に一〇〇人いる捜査四課の刑事は半分以上が時代遅れだ。暴力団に対する情報収集活動が大事だと言って離れたがらないが、情報活動の持つ危険が分かってない。さすがに四課から組員への転職はここ十数年ないけど、最後は暴力団系のフロント企業に転職するほど、取り込まれてしまう。

だいたい暴力団は『三ない主義』と言って、警察官には言わない、警察官とは会わない、警察官は事務所に入れない、を通している。にもかかわらず、暴力団情報を取るには、べったりくっつくしかない。おまけに情報を取ったとしても、自分が担当する案件以外は握り潰す。情報を上に上げない。いったい何のための情報収集かって言いたくなる。

今四課に求められているのが何かと言えば、数字が読める、カネの流れを追える、金銭的追跡ができる捜査員ってことです。これなしでは暴力団は潰せません。

暴力団だって二種類に分かれてきた。一つは従来型のヤクザ意識を持つタイプ、もう一つはマフィア意識を持つタイプ。そしてマフィア型が勝ち組で、ヤクザ型が負け組だってこと。これをしっかり認識しなければならない。

警察の捜査手法がマフィア型に対応しなければ、永久に暴力団に勝てるわけがない。四課には、知能犯に対応する二課型刑事の血を入れる必要がある。旧来の四課型は時代遅れだ」

部外者にはもっともな意見に思えるが、第一線に立つ「マル暴デカ」には、右の意見こそ暴力団対策を弱体化させた元凶なのだ。

元捜査四課のOBが口々に反発する。

「はっきり言えるのは、弘道会をここまで大きくしたのは四課に二課が入るようになってからってこと。二課の人間が四課長になったとき、四課の刑事が『ばかばかしくてやってられるか』って四人も辞めてます。

今始まったことではなく、十数年前から二課が入り込み始めた。以来、弘道会の大物を起訴に持ち込んだかって言えば、ゼロですよ。司忍（六代目山口組組長）、高山清司（六代目山口組若頭）を起訴、服役に持ち込んだのは四〇年も前の大日本平和会春日井支部長殺害事件のとき。弘道会の幹部をパクったのは二五年も前の中京戦争、山一抗争時代だけ。

それからこっち愛知県警の業績は何もない。司は今府中刑務所で服役してるけど

（二一年出所）、これは大阪府警が銃刀法の共同所持でパクったわけで、愛知県警は何の働きもしてない」

「だいたいカネの流れを読めと言ったって、はっきりいってムダです。仮に数字を読み切って経済犯罪を追及できたところで、経済犯の刑期は短い。その前に第一、経済面で弘道会や弘道会系のフロント企業を洗えたかといえば、実質ゼロに等しい。二課型捜査の実績はほとんどない」

「二課系の人間が四課の上になったはいいけど、弘道会の大物とツーカーというんじゃ、情報は上げられない。信用できない人間に『こういう情報があります』って言えますか。一度、上に情報を出したら、すぐ弘道会の幹部に『あんた、情報を出したらしいな』と言われて肝を潰した。我々が上の人間を信用できないのも分かるでしょう」

つまり弘道会は四課系、二課系に関係なく、網の目のようにパイプをつないで、県警を混乱に陥れている。

元警察庁長官までも

県警に詳しい全国紙のデスクが言う。

「〇七年秋、フィリピンパブにガサを掛けたときには他から応援も頼んで、実に五〇人がその一ヵ所だけに殺到した。ところがこれが完全に空振り。店の中には誰もいない。さすがに県警幹部も頭に来た。警察内部から事前に情報が抜けた、捜査四課の刑事たちの携帯電話を調べろとなって、電話帳や着信、発信記録を調べるから個人持ちの携帯を出せって刑事たちに迫った。

ところが『いくら警察だって、こんな横暴が許せるか。刑事には人権がないっていうのか』って提出を拒否する刑事が何人か出た。最終的に刑事二五人の携帯電話を調べ、他の捜査もして、ようやく現役の巡査長と元巡査部長の逮捕に漕ぎつけたわけだ。

この騒ぎに明白なように、県警内部、特に捜査四課はガタガタ。相互不信がうずまいて、暴力団の手入れどころじゃない。腹を抱えて笑ってるのは弘道会だけじゃないですか」

しかも舞台がフィリピンパブで、逮捕が県警でも末端の二人だけというのはお粗末すぎる。弘道会を初めヤクザには手もつけられていない。

たまたま〇八年五月一三日、愛知県警の弘道会集中取締推進本部（四課と東署など三署）が弘道会系の濱田健組長（元導友会幹部、六七歳）と幹部の二人を、名東区の医師を脅迫した容疑で逮捕したが、濱田組長はもともと弘道会と対立した五社会系の出身で、弘道会の主流とはいえない。しかも容疑は〇七年六月、三回にわたり医師を電話で脅迫したというだけだから、たとえ起訴できたとしても、たいした罪になるはずがない。弘道会のダメージはゼロに等しく、愛知県警の意図が疑わしくなるような逮捕だろう。

前記のガサ入れ情報抜け事件は、見せしめのため、県警の末端だけを血祭りに上げ、上部の癒着は「臭いものにフタ」だったのではないか。

警察庁人事に詳しいジャーナリストは「県警本部長はもちろん、元警察庁長官まで汚染されている」と手厳しく言い切る。

「〇七年八月警察庁長官を退いた漆間巌《うるまいわお》は九六年から九九年にかけて愛知県警本部長

だった。ちょうど県警捜査四課が弱体化を強めたころ、漆間が本部長だったわけ。漆間の前任だった県警本部長・吉田正弘も直後に警察大学長になるなど、それなりに昇進して、九七年に引退した。この吉田は〇五年になって、愛知県警本部長時代、捜査費で宴会を開いたと認めている。もちろん漆間の本部長時代も同じことをやっていた。

同じ〇五年、宮城県知事だった浅野史郎は、宮城県警が捜査用報償費の名目で裏金化している事実が明らかになって、報償費の予算執行を停止した。そのとき警察庁長官だった漆間は浅野史郎のやり方を「言語道断だ」と強く批判したくらいで、およそ公金を扱ってるという感覚も潔癖感もない。漆間みたいな人間が歴代、愛知県警の本部長をやってるんだから、県警本部の現場もおかしくなる。上が上なら下も下。最初からヤクザを潰す気がなく、ヤクザと持ちつ持たれつの関係を続けてきたし、これからも続けていくつもりだろう」

愛知県警の病状は重いが、弘道会とすれば「県警をここまで骨抜きにした」のは誇るべき功績のはずだ。今、弘道会方式がその勢力増に伴い、全国の警察に押し及ぼうとしている。

古参組長も嘆く「暴対法改正案」の驚愕内容

暴力団非合法化法案

洞爺湖サミットは〇八年七月七日から九日まで北海道洞爺湖で開かれる。日、米、英、仏、独、伊、加、露の八ヵ国首脳とEUの委員長が一つテーブルを囲んで、国際社会が直面する多くの問題点を話し合うわけだが、このサミットにからんで、山口組の古参組長が悲観的な見通しを口にする。

「ヤクザはもう先がないわ。カネは回らんし、組は会社みたいやし、ヤクザやってる楽しみいうんがなーんもない。わし聞いとるで。政府がアメリカの圧力で、サミットまでに暴対法以上のヤクザ規制法をつくるそうや。ブッシュに日本のヤクザつぶしの法律を手土産に持たせなあかん。そういう段取りになってるいう話や」

これは何かの間違いのはずだが、とはいえ、暴力団に対する取り締まり対策の強化は当たらずといえど遠からずの観測である。古参組長が伝える観測は日本の「組織犯罪処罰法」（組織的な犯罪の処罰及び犯罪収益の規制等に関する法律）の六条の二が規定する「共謀罪」に関係している。ご承知の通り、共謀罪には多くの反対があり、〇五年に一度は廃案になり、同年末の特別国会に再提出されて、〇九年七月、衆院の解散で再び廃案になった。が、共謀はともかく、「組織的殺人」は現実に刑事裁判で使われている。

こうした共謀罪がなぜ出たかといえば、二〇〇〇年一一月、国際連合の総会で採択された「国際的な組織犯罪の防止に関する国際連合条約（国際組織犯罪防止条約）」が重大な犯罪の共謀、資金洗浄（マネー・ロンダリング）、司法妨害などを犯罪とすることを締約国に義務づけたため、同条約を締結するための法整備として「組織犯罪処罰法」を改正、組織的な犯罪の共謀罪を創設する流れとなったと、政府は説明している。

だが、最近、条約を締結するためには、組織犯罪の共謀罪をつくらなくてもいい、組織犯罪に対して「結社の禁止」を求める条項があればいいと言われ始めた。組織犯罪集団に対する「結社の禁止」をストレートに解すれば、日本の暴力団はすべてアウト、解散していただくという意味になろう。

おそらく山口組の古参組長はこうした一連の規制方向を「サミットまで」とオーバーに聞かされたにちがいない。現に国会で論議されていない以上、七月のサミットまでに法律が間に合うはずはない。「サミットまで」は都市伝説の類だろうが、とはいえ今、強力な暴力団規制法案が千葉県弁護士会の民暴委員会で準備されている。一名「暴力団非合法化法案」とも呼ばれる法案である。この法が成立、施行された暁には山口組だ、住吉会だ、稲川会だ、などと肩肘張っている余裕はない。一網打尽、解散するか、地下に潜るしかないのだ。

もちろん千葉県弁護士会が法律の素案をつくるわけではない。近々日本弁護士連合会の議題に乗せ、日本弁護士連合会が審議して法案を練り上げ、原則行けると判断すれば、警察庁に諮り、警察庁は法務省とも相談の上、より現実度の高い法案を準備、国会に上程する運びになる。同法が成立するまでにはまだまだ紆余曲折があり、時間もかかるはずだが、「暴力団非合法化法案」は暴対法の改正案の形を採るから、「共謀罪」や「破防法」のように社会各界から反対の声が挙がることは少ないと見られる。

動き出せば、意外にすばやく成立する可能性がある。

国家が暴力団を追認する現状

どのような法案なのか。以下、千葉県弁護士会民暴委員会の関係者に解説してもらおう。まずは現行の暴対法の評価からである。

「暴対法が成立、施行されてから一九年です。暴対法を使って暴力団組員を検挙してきた実績、また暴対法を機に暴排活動が活性化したというか、一般に『暴力団ノー』の社会世論が拡大、浸透した功績は大きいと思います。しかし反面、暴対法は『指定暴力団』という概念を法定化し、その存在を前提に組員を対象に組員による各種の経済活動を規制することから、皮肉なことに『指定暴力団』をブランド化した一面もあるわけです。結果的に暴力団は寡占化してしまった。今や指定暴力団に所属するメンバーは全暴力団員総数四万四〇〇〇人の九割、四万一〇〇〇人を越え、まさに『指定暴力団でなければ暴力団に非ず』という状態です。

ご承知かもしれませんが、先進国ではほぼ例外なく『犯罪結社罪』などの法規制が整備され、暴力団的な実態を持つ不良集団の存在自体を法が正面から否定、排除して、法的に非合法集団と位置づけ、そうした組織犯罪集団への参加や、組織の運営に対する支援行為をことごとく規制しています。こうした国際的な規制状況に照らせば、日本の暴力団規制は、いびつすぎます。先進的な法治国家と胸を張れるようなものではありません」

暴対法は暴力団の存在を認めた上で、用心棒代を取ってはならない、地上げや債権取り立てはやるな、抗争を起こせば事務所を使用禁止にするぞといった法律である。頭から暴力団などの組織犯罪集団はダメよ、存在それ自体が違法よ、という諸外国の法律とは異なる。

しかし、日本にはヤクザがやっていることは任侠道《にんきょう》の実践だ、単純に暴力団だ、犯罪集団だと決めつけるのは事実と違うし、かえって逆効果という論が根強くある。民暴委員会の関係者はその辺りを踏まえて解説を続ける。

「他国と同じような規制を加えれば、暴力団が地下に潜る、よりアングラ化を強め、今以上に規制や検挙が難しくなるという指摘があることは承知してます。しかし、ひるがえって言えば、国家が暴力団の存在を法的に認め、追認している状況こそ論外です。暴力団は街なかに堂々と看板を掲げて組事務所を設け、組活動を行い、国家がそれを認め、許している。こういう状況こそ異常なんです。先進国の社会のあり方として不健全きわまるという認識を、政府も国民も等しく持つべきです。

悪いことをする奴にはせめて地下に潜って、おどおど怯えてもらうのが当然です。検挙を容易にするという名目の下、こういう輩《やから》の存在を『どうぞ』と認める社会の仕組みを用意することの異常さを、痛感してもらいたいものです。

現在の暴対法では、所定の要件を満たした不良集団が成熟して法の定める基準に達すれば、国家が次々にその存在を認知して新規の『指定暴力団』に指定する、三年ごとに指定更新を繰り返し続けるわけです。暴力団に対し、このような規制方法でいいのか、真剣に考えるべきです」

検挙実績のポイント制

ヤクザ、暴力団にいわせれば、「俺たちは不良集団なんかじゃない！　バカにするな！」と怒るかもしれない。だが、千葉県弁護士会は暴力団対策の先進県なのだ。早くも九二年には民法の「使用者責任」という法理を応用して組長自身に損害賠償責任を追及、五年後に勝訴している。しかもこの勝訴は、抗争に際して一般人を誤射したなどの事例ではなく、組員が行った「個人シノギ」をきっかけに発生した不法行為に対して、シノギにたずさわらない組長の使用者責任を問うもので、難易度レベルが誤射や「組シノギ」とはまるでちがう勝訴だった。実に他の都道府県の一〇年は先を行く訴訟と高く評価されている。

「民暴一一〇番協定」も全国で初めて創設、実施している。これは千葉県弁護士会、千葉県警察、暴力団追放県民会議の三者がタッグを組む連携チームが民暴に対処するもので、これまでの事案処理での勝率は実に九五パーセントとのこと。

「おかしな話ですが、暴力団には顧問弁護士がおり、拳銃も持っている。ところがそれまで警察は民事に弱く、被害者の訴えなどはタライ回しにされてきた。もちろん弁護士は拳銃など持ってません。民暴一一〇番はこうした弱さを一挙にクリア、こちらも六法全書と同時に拳銃も用意して暴力団に対峙しようじゃないかという発想があったわけです。会にはつねに三〇〇万〜五〇〇〇万円の民暴基金も計上されてます。おそらく全国初の制度だろうと思います」（先の民暴委員会関係者）

話が横道にそれたが、改正暴対法に話を戻そう。

「現行の暴対法では暴力団とはどういうものか定義されてます。これをそのまま生かして、改正法でも暴力団だけを対象とする。新規にこれこれの集団と定義づけるわけでないから、労働団体や政党など、結社の自由に敏感にならざるを得ない団体から反対されないですむ。定義を踏襲した上で指定暴力団の構成員が犯す犯罪歴、たとえば刑法や暴対法、覚せい剤取締法などによる検挙実績をポイント制でカウントし、持ち点が一杯になれば、各都道府県の公安委員会が指定団体に対し、解散を勧告し、解散しない団体に対してはさらに解散命令を出せるという法律です。

当然、解散命令が出た後、新規に同じような暴力団を結成し、維持するケースも考えられます。こうした事態に備えて、暴力団結成罪、あるいは暴力団運営罪などの法的要件づくりが必要になるはずです。いずれにせよ、解散勧告に応じないため、解散命令が発令された場合には不解散罪、すなわち解散命令の違反者として、その組織の運営者（組長や総長などの首脳部）も加入を続けている組員も検挙されることになる。また組事務所や組が実質的に運営、支配していると見られるフロント企業など営業拠点は所轄の公安委員会が一定期間、管理下に置き、組関係者の占有を解きます」

交通違反では点数の累積方式を採っている。酒酔い運転では二五点、信号無視や追い越し違反はそれぞれ二点などと定められ、死亡事故を起こせば付加点数がさらに二〇点加わり、五年以下の懲役刑などと定めている。これに対し千葉県弁護士会の改正案はポイント減点制になりそうである。例えば持ち点が二〇点、組員が殺人や強盗などを犯して有罪が確定すれば三点を、賭博開帳図利《とり》などでの有罪確定では二点を、不当要求行為などでは一点を、それぞれ減点し、計二〇点の持ち点を使い尽くせば、公安委員会が指定暴力団に解散を勧告するといった方式らしい。

強みは実現の容易さ

こうした試案に対して、反対することは割に簡単だろう。持ち点制だと、二〇点に達するまで殺人など凶悪な犯罪を重ねていいようなニュアンスになる、いくら暴力団が相手でも誤解を招くといった論や、あるいは暴力団の存在を認めている現行暴対法を、暴力団否定の法に改変するのは木に竹を接ぐようなものといった反対論が考えられる。

だが、前記したように千葉県弁護士会試案の強みはなにより暴対法の改正で済むといった実現の容易さである。解散命令や不解散罪などについては破防法（破壊活動防止法）の条項がひな形になるともされ、素案づくりに手間ひまはかかるまい。総じて破防法と聞くと、世論はアレルギーを起こしがちだが、暴力団を対象とする法案の場合、反対を唱える向きはごくごく限られるにちがいない。

前出の山口組古参組長もこう認める。

「ヤクザは結局、世論を味方につける手を打ってこなかったから、こういうときは世間から浮いてしまうわな。解散命令を出せる法律ができそうになっても、誰も味方についてくれへん。わし自身はいつ引退しても構へんけど、若い者が可哀相や。ヤクザ禁止法をつくるからには元組員を差別しない、元ヤクザだからといって正業も認めないといった警察のやり口は改めてもらわんと、反乱が起きるやろ」

これまた正論だろう。元暴力団組員に対する就職差別など、本来あってはならないことである。法的にも環境を整える必要がある。

山健組・多三郎一家「後藤元総長刺殺事件」で逮捕者

囁かれていた内部犯行説

〇七年五月三一日、山口組内の有力組織である山健組の舎弟だった多三郎一家・後藤一雄総長（当時六五、名古屋）がJR新神戸駅近くの路上で何者かに刺殺される事件が起きた。後藤総長は事件直前に山健組から破門されており、当初から山健組の内部犯行説が囁《ささや》かれていた。

果たせるかな、事件発生からほぼ一年後の〇八年六月二〇日、兵庫県警葺合《ふきあい》署捜査本部は殺害を計画した殺人予備の疑いで、埼玉県川越市の山健組系組員K（六一）のほか関係者三人を逮捕した。続く二五日には同じ容疑で長野県茅野《ちの》市の山健組系幹部Y（四三）と、関係者二人を同罪の容疑で逮捕している。

県警の調べでは〇七年五月二五～三〇日の間、容疑者たちは刃物を用意して後藤総長をつけ回すなど殺害の機会をうかがった疑いがある。また同じ容疑で山健組系健國会の若頭・川田賢一容疑者（大阪住吉区、川田組組長、五九）の逮捕状を取り、〇九年一〇年に逮捕した。

六月二〇日に逮捕された四人のうち起訴されたのは一人だけで、残り三人は処分保留で釈放された。二五日逮捕の三人についてはまだ結論が出ず、指名手配の川田容疑者は姿を隠したまま、逮捕には至っていない（一〇年川田賢一容疑者は逮捕され、一二年神戸地裁は懲役一九年を判決、川田は控訴したが、棄却され、現在服役）。

一説に後藤総長は山口組主流の弘道会や山口組の髙山清司若頭を公然と批判して、山健組から破門されたと伝えられる。県警の捜査で山健組が後藤総長を破門した上、殺害した可能性が強まったと見る向きがある。また直接手は下していないだろうが、弘道会もしくは髙山若頭がなんらかの形で山健組に圧力を加えた結果、と指摘する関係者もいる。

今後、県警の捜査で山健組による内部犯行が証明されれば、影響は山健組ばかりか、山口組全体に及ぼう（山健組若頭・山本國春〈本名井上國春〉健國会会長は一〇年四月に逮捕され、一審で無罪、一四年一月大阪高裁で懲役二〇年の逆転有罪判決。一五年最高裁は山本の上告を棄却した）。公然と上の人間を批判することで自らの死を招くなど、ヤクザ世界でも異常事態だし、だいたい仲間殺しは重大すぎる事件である。

そうでなくても後藤総長刺殺事件は同事件だけでとどまるものではない。

というのは、〇七年一〇月一四日、昼一一時ごろ、東京・御徒町《おかちまち》「アメ横」近くの路上で二～三人の男が拳銃で、同じく山健組系多三郎一家福富組（名古屋）の中西真一元幹部（当時四二）を射殺した事件でも犯人を逮捕、一人に懲役四年を判決した。

中西元幹部は搬送先の病院で出血性ショックのため二時間後に死亡した。主に東京周辺で活動していた組幹部だったが、事件から一カ月前に福富組を破門されていた。中西元幹部については、前記の多三郎一家・後藤総長事件との関係が囁かれている（警視庁は〇八年一一月、神戸の山健組本部を捜索、山健組健仁会会長の福富弘容疑者を逮捕している）。

連続する殺人事件の関連性

事件を追及してきた全国紙の記者が神戸とアメ横、二つの殺しをつなぐ線を説明する。

「後藤総長を刺殺した犯人は一人と、兵庫県警は見ていますが、神戸に捜査に入った愛知県警は二人だとしています。犯人のうち一人は拳銃を持ち、もう一人はドスを持っていた。

ドスを持っていた方が後藤総長を刺したのでしょうが、実は後藤総長の側も一人ではなく、後でアメ横で殺される多三郎一家福富組の中西真一元幹部とこの日、行動を共にしていたといわれています。後藤総長が襲われ、中西元幹部はとっさに逃げたが、犯人の顔は見ている。山健組内部犯行説に立てば、当然、中西元幹部は、犯人が山健組のどこの組織に属する誰か、ということを知っていたはずです。中西元幹部は『俺も殺られる』と言って、事件直後から行方をくらまし、四ヵ月後、組から破門され、結局は半年後、東京で殺されるわけです」

当然、後藤総長刺殺事件の解明が中西元幹部射殺事件の真相をも明らかにしていくことになろう。そしてもう一つ、後藤総長刺殺事件とのかね合いで関連づけられている事件がある。

○七年七月三一日の昼近く、名古屋市昭和区の駐車場に停まっていた乗用車内で山健組系福富組・大滝良友幹部（当時五九）が左胸から血を流して死んでいるのを、近くの住民が発見し、地元の昭和署に届け出た。

車はエンジンがかかり、ドアと窓は閉まっていたが、ドアロックは掛かっていなかった。大滝幹部はシートベルトをしたまま運転席で座った状態で死んでいた。服装に乱れはなく、運転席の隣の助手席に拳銃が落ちていた。手と着衣から硝煙反応は出たが、付近の住民は発砲音を聞いていない。

昭和署は自殺と他殺の両面から捜査したが、自殺なら、なぜ運転席の左側、助手席の下で拳銃が見つかったのか、捜査員の一人は疑問を口にしている。右利きの人間が拳銃を左手で撃つことはない。犯人は車を発進しかかった大滝幹部を呼び止め、運転席側の車外からドアを開けて、あるいは助手席に乗り込んで、大滝幹部の胸に無造作に銃を押し当て、大滝幹部が反射的に胸を庇《かば》った時、引き金を絞り、発射後、拳銃を助手席方向に捨てた可能性もある。

注目すべきは大滝幹部の年格好である。彼の年齢と風采は、刺殺された多三郎一家・後藤一雄総長殺しで目撃された犯人像「六〇歳ぐらいで、身長一六〇センチ前後」にほぼ一致するらしい。大滝幹部は後藤総長を殺した後、仕返しか口封じのために、殺されたのかもしれないという線が出ている。

以上三つの事件が関係あるのかないのか、今のところ不明だが、それにしても多三郎一家は〇七年、異常な数の殺人事件に見舞われた。どの事件の背後にも、そして三事件が相次いで発生したというその連続性にも、三事件が単純な怨恨事件ではなく、組織的に遂行された犯罪であることをうかがわせる。ヤクザ世界にぽっかり口を開けた深淵のような不気味さを漂わせるのだ。

「鳴海清とよう似ている」

後藤総長刺殺事件の捜査はどう展開していくのか。山健組に近い関西の事業家が解説する。

「兵庫県警は容疑を殺人予備ではなく、殺人に切り替えなければならない。だけど逮捕した容疑者たちはそろって後藤総長殺しを否認し、誰も自供しようとしてない。県警とすれば、いい加減、事件に幕を引きたい。それで山健組に対し、『実行犯を出せや』と迫っている。口には出さないけど、山健組が誰かを身代わりに立てても、県警は認める腹だろう。誰が事件を主導したか、真相の解明はどうでもいい。要は形づくりだ」

弘道会には秘密特命部隊「十仁会」があるとされるが、山健組にも同じような「スワット」があったとされる。今回の事件が「スワット」の実態解明に迫れるのか迫れないのか、それとも「スワット」とは全く関係ない事件なのか、捜査の進展を待つしかない。

山健組系の中堅幹部は「山健組が今回の事件に関わり合いがあったとしたら」という前提で考えた場合、捜査が上の者に届くことはないだろうと予言する。

「だいたい県警が殺人の容疑ではなく、殺人予備の容疑でどこまで持っていけるのか、それが疑わしい。パクられた者だって、吐けば自分が損するだけだから、誰に殺しを依頼されたか、吐くはずがない。また組の幹部連中もいくら警察から圧を加えられても、組の誰かを警察に突き出すなんてことをするはずがない。みすみす損と分かっていることはしないものです。それよりシラを切り通し、事件全体の迷宮入りを狙うでしょう。

後藤総長刺殺事件の影響はわれわれ組員の気持ちを『どこから弾丸が飛んでくるか。この分じゃ防弾チョッキを後ろに着けなくちゃならんな』といった気持ちにさせた点です。殺された後藤総長の役回りは大阪戦争のときの鳴海清とよう似ている。目立った挑発的な言動がかえって仲間をおびえさせ、結局は仲間殺しに走らせて、自分が殺される。この事件で山健組の者は心を一つにすることが難しくなった」

大日本正義団組員・鳴海清は一九七六年、大阪日本橋の路上で二代目会長吉田芳弘が山口組系佐々木組組員らに射殺されたことに報復を誓い、七八年七月、京都のクラブ「ベラミ」で山口組三代目組長・田岡一雄を背後から狙撃、首に擦過傷を負わせた。鳴海は関西二十日会に加盟する忠成会に匿われたが、田岡を非難する書状を新大阪新聞社に送付するなど、田岡と山口組を挑発した。

彼の遺体は同年九月神戸市の六甲山中で発見された。いったんは鳴海殺しで忠成会組員らが逮捕されたが、最高裁で無罪が確定、誰が鳴海を殺したか、迷宮入りとなった。が、いずれにしろ鳴海が仲間である関西二十日会系の組員に殺されたことはまちがいないと見られる。

山健組系のこの中堅幹部は、多三郎一家・後藤総長の運命は、一時は英雄視され、最終的には仲間に殺された鳴海清とよく似ていると指摘したいわけだろう。相手側に対してあまりに挑発的な言辞を吐くと、かえって自陣営を脅かし、やがては自陣営の者に命を狙われるという教訓である。

注目される山健組の動向

だが、これとは逆に多三郎一家・後藤総長の殺しは山健組の深慮遠謀を示すとする、積極的な見方もある。山健組にパイプを通じる西日本の事業家が解説する。

「ご承知の通り、渡辺芳則組長の五代目時代、山口組内で主流を占めたのは山健組です。六代目に代が替わって、山健組の位置は弘道会に取って代わられた。だが、依然として山健組の内外には『山健組は伝統ヤクザだが、今の山口組はマフィアだ。世のため、人のために、山健組の時代に戻るべきだ』とする声がある。西日本の有力組織の中には密かに山健組に加担する勢力もあります。しかし物事には順序があるし、一歩踏み出す瞬間的なチャンスもある。やたら不用心に挑発的な言辞を吐いて、跳ねればいいってものじゃない。この点、後藤総長には戦略がなかった。かえって相手の干渉を招いて、山健組に損失をもたらしかねない。要するに後藤総長事件は山健組が二歩前進するための、一歩後退だったわけ。この点を見逃してはならない。間もなく山口組に揺り戻しが始まります。関東の団体も興味津々見守ってます。いったん動きが始まれば、山健組を支えると決めてます」

近々山口組に大動乱が始まるといった口ぶりである。この不景気の時代、ヤクザというヤクザがほとんど沈滞しきっている。動乱を起こす元気が残っているのか、かなり疑問だが、喧嘩は大きければ大きいほど面白い。

「山口組が倒せなかった極道」竹中武・竹中組組長死去

敬愛された「当代一のヤクザ」

竹中組の竹中武組長が〇八年三月一五日肝臓ガンで亡くなった。享年六五、志半ばでの死だったろう。

祭壇に据えられたひつぎに横たわる竹中武組長の顔はさすがに青白かったが、生前そのままに精力的で、面《おも》やつれした様子はまるでなかった。口と目を意志的に閉じ、何事か念じて事に立ち向かう気力さえ感じさせた。声をかければむっくり上体を起き上がらせて、あたりを睥睨《へいげい》するのではないかと瞬間思ったほどだ。

竹中武組長は山口組四代目・竹中正久組長の実弟であり、長く岡山市を本拠に竹中組を率いてきた。山口組・一和会抗争では八五年一〇月赤坂進一和会幹事長補佐、八六年一月小野敏文一和会系加茂田組内小野会会長、同年五月中川宣治一和会副本部長など、数少ない幹部クラスの射殺事件はいずれも竹中組が敢行している。竹中武組長は実兄を殺した山本広一和会会長のタマ取りを最後まで諦めず、終始、主戦論を通した。自分自身は山口組組長への野望を持たなかったが、抗争で功があった者が組長に就いたらいいという考えでいた。渡辺芳則若頭（当時）が山口組の五代目組長につくことには批判的で、渡辺の盃は飲めないとして、当時は山口組若頭補佐の一人だったが、山口組の外に出た。

通夜も告別式も岡山駅の東口、蓮昌寺で行われた。祭壇には百数十の盛り花が供えられたが、山口組直参の名を記した花はなく、かえって住吉会の有力組長や中野太郎・元中野会会長などが供えた花が目についた。かねて山口組の髙山清司若頭は直系組長たちに竹中武組長とつきあうなと指令を出していた。ふつう「村八分」は火事と葬式の二分を除くから八分だと説明される。葬式をも無視する六代目山口組は大組織にもかかわらず、きわめて狭量といえる。

竹中組長は名利を求めず、筋を重んじるヤクザとして山口組系の組員ばかりか、他系列の組員たちからも敬愛されていた。ヤクザ以外でも「当代一のヤクザ」として憧れた人たちは多い。人望があり、ヤクザ世界のもめ事には何度か仲裁役を果たした。道仁会―九州誠道会抗争でも結果として不調に終わったが、早い時期に依頼されて調停に乗り出している。六代目山口組成立後には中野会・中野太郎会長の引退と解散工作を行い、山口組執行部の寺岡修若頭補佐（俠友会会長）につないでいる。

山口組直系を断る

高山清司若頭も一度は岡山に竹中組長を訪ねている。話の主旨は、竹中組を直系組に直したい、末代まで伝えたい名跡だからだ、ついては竹中武組長は引退して次の三代目組長を立て、三代目竹中組を山口組の直系にしたい、というものだったとされる。

これに対して竹中組長は高山若頭に答えた。なるほど竹中組は竹中正久組長が姫路で創設した。自分は早くから岡山に出て、岡山で竹中組をつくる傍ら、姫路竹中組の副長だったし、竹中正久が山口組四代目組長に上った後、直系組長の一人に直ったことは確かである。しかしそのときの名乗りは単に竹中組であり、二代目竹中組と名乗ったことは一度としてない。自分は竹中組の二代目組長ではないのだから、引退し、代替わりしたところで、三代目竹中組ができるわけがない。

また竹中組では姫路事件で長期に服役していた組員が近年出所した。その男の労苦に報いるため、いったんは竹中組の若頭につけたが、男に器量がないことが分かった。自分としては竹中組の後継者としてこの男を世間に出すことは恥ずかしく、先日破門したばかりだ。あんたがどうしても竹中組を山口組に残したいというのであれば、竹中組出身で優れた者が何人も他の山口組系組織にいる。その中で見どころある者を引き立て、別に竹中組を立てたらどうだ、私はそのことに異議は唱えない、と言ったとされる。

竹中武組長は相手が当代の若頭とはいえ、安易に権力者の意を迎えることはせず、あっさり断った。この辺りは損得勘定を抜きにして実に筋っぽい。髙山若頭も「三代目竹中組」を言い出すなど、いささかうかつだった。竹中武組長は播州弁と岡山弁が混ざり合い、言葉は大変聞き取りにくい。声も大きく、発言で損をしていた面はあるのだが、言うことは論理的である。総じて竹中家の者は頭がいいという定評があったが、竹中武組長も諄々《じゅんじゅん》と論を重ねて押していくタイプで、記憶力にも優れていた。

勝ち取った無罪判決

弁護士を差し置いてほぼ自力で無罪を勝ち取ったことさえある。日本では起訴されると、有罪率は九九パーセント以上になり、無罪になる確率はきわめて低い。まして被告がヤクザであれば、無罪獲得は不可能ではないまでも、極小の確率である。

無罪獲得は単に身の潔白の証明だけでは足りない。裁判官にしろ、検察やマスコミ世論の影響を受ける。有罪判決に比べ、ヤクザに無罪判決を出すことは勇気が要ることであり、被告の粘り腰、揺るがない信念、緻密な反証――だけが無罪判決を辛うじて引き出すことができる。

竹中武組長は実兄の正久組長が一和会に射殺された直後、報復に走りたいという焦燥感にかられる悪条件の中で、見事に反証に成功している。

竹中武組長は正久組長の射殺事件から五日後、岡山県警に逮捕された。容疑は野球賭博である。当初は八四年の八、九月、加古川市内の竹中組員宅で野球賭博を開き、客三人から合計三五〇万円の賭け金の申し込みを受けたというものだったが、岡山県警はこれを立証できなかった。

しかたなく県警は勾留期限ぎれの八五年二月、別の野球賭博の容疑で竹中武組長を再逮捕した。前年の五月から七月にかけて、配下の組員と共謀し、プロ野球を対象に一口一万円で計一億九〇〇〇万円賭博の申し込みを受けたという容疑であり、三月、岡山地検は竹中武組長を起訴した。

検察側の起訴内容は竹中武組長の無罪判決で証明されたように「つくられた犯罪」に近かった。早い話、検察側が物証として法廷に提出した財布は肝心の日付が合わなかった。

今の一万円札（新札）が出たのは八四年一一月である。武組長は新札で五〇〇万円入る財布を岡山駅前の髙島屋に特注した。当然、一一月以降のことであり、髙島屋には注文の控えが残っていて、財布の引き渡し日も立証された。ところが検察側は、竹中武組長がこの財布を使ったのは同年七月のこととした。あり得ないことである。たまたま新札に切り替わった時期だったため、財布のウソを打ち破ることができたのだが、普通なら財布をいつ使い始めたかなど、反証が困難なことである。一事が万事、この裁判で検察側が提出した証拠は作為的でウソが多かった。

裁判の段階でずさんな捜査だったことが次々に明かされていった。そのため直接裁判に当たった岡山地裁は武組長の弁護側から保釈の申請があるたびに認めてきたが、検察側は広島高裁に抗告し、保釈申請は四度も蹴られて、未決勾留は一年五ヵ月もの長期にわたった。実質的には予防拘禁的な性格がきわめて強い勾留だったのだ。

竹中武組長が外にいたら、竹中正久組長の復讐で動く、それを防ぎたいというのが岡山県警と検察の本音だった。竹中武組長は八六年六月、保釈で出て翌八七年九月無罪判決を勝ち取る。

武組長は頭が緻密だった上、狡《ずる》さを嫌い、一本気だった。渡辺芳則五代目組長を軽く見ていたが、中野会に殺された宅見勝若頭も信用しなかった。宅見若頭が渡辺擁立に果たす役割をうんざりした気持ちで見ていた。武組長はヤクザに対して変な言い方だが、根がまじめだったかもしれない。しかも武組長自身は堅気をいじめず、堅気の立場に立てる人だった。

「竹中武顕彰碑」構想

筆者は一度姫路の竹中組事務所で竹中組長がパチンコ屋を営む夫婦者に面接する場に行き合わせたことがある。武組長は一通り話を聞き終えると、いいんじゃないか、しっかりやればいいと夫婦の計画に賛成した。亭主の方が「お礼はいかほど」と遠慮がちに聞くと、「そんなものは要らない。払わなくていい」と即座に言い切った。業者からお礼をもらわず、ヤクザが立ちいくのか。物書きである私がその場にいたから格好をつけているのかもと、そのときは思ったのだが、当時、竹中組は野球賭博を手広く手がけて財政が豊かだった可能性がある。ちまちましたカネは受け取らずにすんだのだろう。

関東の広域団体が竹中組長を顧問に据えて、組織に活を入れる構想を持っていた。どこまで話が具体的に進んでいたか、武組長に直接話が持ち込まれていたのかどうか、知らないが、武組長はそれだけ重しになるヤクザだった。竹中兄弟をよく知るものは「竹中正久以上に正久的な男が竹中武だ」と言っていた。竹中正久四代目組長も武組長の的確な判断と果断な行動力を高く買っていた。あるいは最後の「任俠ヤクザだった」と言ってもいいかもしれない。

しかし六代目山口組はついに武組長を受け入れる度量を示せず、宅見勝若頭グループの系譜を引いて、武組長の排除に動いた。伝統回帰といいながら、武組長を目の上のたんこぶと感じたのだろう。今、歴代組長の墓守りなどには熱心なようだが、唱える「伝統回帰」がいささか色あせて見えるのはいかんともしがたい。

武組長をよく知る関係者の間で「竹中武顕彰碑」を姫路か岡山に建てる構想が持ち上がっている。碑を建てることにどれほど意味があるのか、ないのか、筆者には分からないが、武組長には碑を建てたくなるほど人間的な魅力があったことはたしかである。山口組の直系組長のうち何人かは、葬儀が終わって落ち着いた段階で、必ず線香をあげに行かさせてもらいます、と竹中組の関係者に言付けしているらしい。故人を偲ぶ心を山口組は圧殺すべきではない。

第二章　強権支配と粛清

後藤忠政・後藤組組長「除籍問題」の核心

突発的な人事発令

山口組本部は〇八年一〇月一六日、一連の人事を発令した。後藤忠政・後藤組組長(静岡県富士宮市)を除籍、それまで後藤組の若頭だった良知政志・良知組組長と本部長だった塚本修正・志太宗家総長をそれぞれ山口組の直系組長に引き上げる。六代目角定一家(福島)小野守利組長は除籍、組員は弘道会の預かり。井奥会(神戸)井奥文夫会長は引退、組員は池田組(池田孝志組長、岡山)の預かり。三代目大門会(熊本)奈須幸則会長は絶縁と決めたのだ。

突飛すぎて、なぜこうした人事が断行されたのか分かりにくいが、すべては後藤組長に対する除籍処分がきっかけだった。後藤組長は山口組の舎弟であり、渡辺芳則・

五代目山口組組長の時代には若頭補佐の一人でもあった有力組長である。

山口組執行部は一四日、まず後藤組長の除籍を各直系組に通達した。これに付随して、後藤組の組員は、若頭補佐で東海ブロック長の瀧澤孝・芳菱会総長が預かる、残された後藤組の幹部が跡を継ぐとしても、二代目後藤組という名乗りは許さない、といったことも伝えられた。

これを受けて後藤組は一五日、富士宮市の後藤組本部事務所に組員を集めて協議、結論として「今後、後藤組は一本で行く。したがって山口組の処分は関係ない。後藤組長は引き続き後藤組を率いるし、芳菱会預かりなどあり得ない」と決めたとされる。これが事実なら、後藤組が山口組を離脱して独立独歩で行くと宣言したに等しく、山口組の処分は無視されたことになる。

後藤組の「決定」はその日のうちに外部に漏れ伝わり、山口組情報に関心を持つ警察やマスコミ、ヤクザ関係者たちは一挙に緊張した。後藤組は単独で山口組とケンカするつもりなのか——。

直系組長一三人記名のファックス

同時にそのころ後藤組長に対する六代目山口組の処分に断固抗議するという三ページの文書が各直系組やマスコミにファックス送信されてきた。

「後藤の叔父貴への執行部の対処に我々は断固、抗議する。（略）何の非のない、まして や三代に亘り山口組に多大な貢献をしてきた後藤の叔父貴の、何ら落ち度のない非なき事を問題にする、正常な判断すらできぬ堕落した執行部を、これ以上容認する事はできない」

などと始まる文書であり、念の入ったことに末尾には一三人の山口組直系組長の名が列記されていた。ここに名を記された直系組長の中には「名を貸した覚えはない」と関与を否定する組長も含まれているが、文書の信憑性はかなり高く、必ずしも責任の所在がはっきりしない「怪文書」ではないと見られる。またそうだからこそ、山口組執行部はこの文書を問題にしたのだろう。

山口組執行部は後藤組長処分に対する反響の大きさに善後策を考えたのか、後藤組の若頭や本部長など三役に一六日、神戸の総本部に顔を出すよう呼び出しを掛けた。当日、後藤組の三役は本部に顔を出した、出さなかったという二説があるのだが、おそらく顔を出し、話し合いが持たれたと見られる。

　事情に詳しい組長の一人が解説する。

「このとき、後藤組の三役の一人が『たかがゴルフコンペ（後述）で除籍はないでしょう』と抗議すると、山口組の執行部は『除籍が不満なら、絶縁でもいいんだ』と逆襲した。これが『山口組は後藤組長の処分を除籍から絶縁にアップ、より厳罰に』と誤り伝えられた。事実は除籍のままだったわけですが、誤伝を信じた人たちは、『これで後藤組は山口組と全面戦争だ。いよいよドンパチが始まる』と盛り上がったわけです」

　しかも前記ファックス文書の存在が警察に知られ始め、どうやら山口組執行部と事を構えるのは後藤組だけではない、後藤組に同調する組がいくつもある、となった。

「一六日の夜までに、後藤組に同調する直系組長は一三人どころじゃない、二一人に広がったという情報が流れた。最終的には三〇直系組が今の山口組執行部に反旗を翻し、後藤組に味方するという観測が流れたんです」（阪神地域の捜査関係者）

山口組本家に籍を置く直系組長たちの総員は約九〇人だから、それが六〇対三〇に分かれて、対立し合うという観測である。下手をすれば山口組対一和会抗争の再現になることは間違いない。

ファックス文書の内容をかいつまんで記すと、こうなる。

一、友人知人が企画してくれたゴルフコンペに参加することは一般社会の通念に照らしても咎められるべきではない。

二、直系組長たちが月々納めている会費は五代目時代と比べ三五万円も増えた。使途についての説明もない。

三、その上に飲料水や雑貨の強制購入がある。その収益はどうしているのか。

四、五代目時代、山口組会館を建設するとして一〇〇人の直系組長から二〇〇〇万円ずつ、合計二〇億円が集められ、用地が買われた。六代目になってからその土地は売却されたが、そのカネはどうなったのか。公的書類を提示した上、説明してもらいたい。

五、五代目時代に貯蓄してきた約一〇億円はどうなっているのか。すでに消失したという噂も聞くが、納得のいく説明を求める。
六、以上のようなことを議題に載せ、説明し、関係者を処分することが執行部の急務であり、非がない後藤の叔父貴の是非を問うなどは愚行だ。（以下略す）

——といった内容であり、それなりに説得力を持つ文書であることはまちがいない。その上、後藤組長も同じようなことを考えていたと某組長が語る。

「〇八年の二月ごろ、東京で後藤組長に会った。そのとき後藤組長はこう言った。『今の山口組本部はおかしい。月の会費は一〇〇万も取るし、水や洗剤など雑貨を毎月五〇万、一〇〇万と買わせる。昔の状態に戻さなければならない』わし自身も同じことを思っていたから、言いました。『月の会費を下げさすというのは賛成だ。あんたが山口組を正しい方向に変えるというなら、わしも協力する』と。

後藤組長は当時から今の執行部、とりわけ司忍組長の留守（銃刀法違反のため府中刑務所で服役した）を預かる高山清司若頭のやり方に懐疑的だった。今は肝機能の検査で病院通いしているが、健康さえ許せば、山口組を改革したかったんじゃないか」

ゴルフコンペの重大な余波

ところで、後藤組長問題は些細な事件に発している。処分原因は九月一六日、富士宮市北山のザ・ナショナルカントリー倶楽部で開かれたゴルフコンペである。

この日、後藤組長の六五歳の誕生日を祝って三六組、一四一人が集まる大コンペが開かれた。コンペ参加者の中には細川たかし、小林旭、角川博、松原のぶえ、中条きよしなど、有名演歌歌手の姿もあった。彼らはその夜、近くのイベントホールで開かれた誕生祝いパーティーにも参加し、それぞれ持ち歌を熱唱、後藤組長に向かって『誕生日おめでとうございます』と挨拶したらしい。

後藤組長のコンペとパーティーの模様を最初に報じたのは『週刊新潮』一〇月九日号（首都圏では一〇月二日発売）である。同誌は後藤組長やゴルフ場の名を伏せ、むしろ問題にしたのはコンペとパーティーに参加した歌手たちの大物「暴力団組長」との癒着だった。だが、事情に通じる者が目を通せば後藤組長のことだと、容易に推察がついた。

事実NHKは七日、同誌で報じられた演歌歌手など五人について、番組への出演を数ヵ月間見合わせる方針を決め、そのことが新聞、テレビで大きく報じられた。

山口組は五日の日曜日、総本部で一〇月の直系組長会を開いたが、後藤組長は診断書を提出した上、この直系組長会を欠席、後藤組の幹部を代理出席させた。もちろん問題記事を掲載した『週刊新潮』は二日に発売されているから、髙山清司若頭以下執行部は後藤組長が「病気」にもかかわらず、大コンペとパーティーに参加したと知ることになった。

以下、事情に通じる幹部がいきさつを説明する。

「執行部は『山口組の定例会をさぼって、コンペはないだろう。しかもコンペに参加した有名歌手が紅白歌合戦に出演できなくなるなど、世間を騒がせた』と問題視した。続く六、七の両日、執行部は、後藤組長に釈明させようと電話したが、後藤組長は電話に出なかったらしい。

それで執行部の一人が八日、富士宮に行き、後藤組長と面談した。このとき後藤組長に謹慎だか除籍だかを言い出したらしい。しかし後藤組長は『たかがコンペに出たぐらいで謹慎はない。わしは前にも同じところでコンペをやっている。そのときはお咎めなしだ。今回はなぜなんだ?』と反問したらしい。また後藤組長に対する処分は、司忍六代目組長が承知した上でのことか、とも質《ただ》したらしい。

要するに後藤組長はすんなり執行部の意向に添わなかった。髙山若頭以下、執行部は後藤組長にメンツをつぶされたと取ったのか、問題が大きくなった」

たしかに後藤組長がザ ナショナルカントリー倶楽部でコンペを開くのは今回が初めてではない。警視庁の捜査員が明かす。

「あの倶楽部は死んだ桜井義晃の廣済堂系だ(廣済堂開発)。廣済堂は関係会社で芸能も手掛けているぐらいで、参加した歌手なんかと密接につながっている。後藤(組長)は四年ぐらい前にもあそこでコンペを開いた。毎年コンペをやるわけじゃないけど、後藤の大コンペは今に始まったことじゃない」

山口組執行部は後藤組長のこうした反応に、緊急執行部会を開いて後藤組長に対してどう出るか、対応を協議した。この席で後藤組長を破門するよう主張し、瀧澤孝・芳菱会総長が取りなして、一段と軽い除籍の線で落ち着いたとされる。そしてこの後一〇日ごろ、おおかたの直系組長たちが後藤問題を知ることになったという。

執行部に対する不満と反感

先の幹部が続ける。

「直系組長たちはこれで蜂の巣をつつく騒ぎになった。ポイントは執行部がこの処分について司忍組長の承認を得ているなら、それはいつのことだってことです。ご承知の通り刑務所では土曜、日曜、祭日の面会は不可能だ。週刊誌が出たのが二日の木曜だから、面会できるとしたら三日の金曜しかない。続く四日、五日は土日だから面会できず五日からの執行部の電話や八日の富士宮面談は頷けない。事の経緯を見れば、七日火曜、ＮＨＫの歌手出演見合わせの決定で後藤問題は大きくなった。とすれば、髙山若頭以下執行部が司組長にことわりなく、山一抗争などでも功績がある後藤組長を独断で処分したことになるのか。後藤組長は司組長の銃刀法裁判のとき、陰に日向に尽力した。司組長は処分の許可を求められたとしても、後藤組長の除籍処分にＯＫを出すかどうかは分からない」

後藤問題がこれほど大きくなったのは、執行部の組運営に対する直系組長たちの不満や反感があると見られる。弘道会系でない直系組はもちろんのこと、弘道会系の企業舎弟でさえ疑問を口にしている。

「髙山若頭はホントに司忍組長の理想とする組織運営に忠実なのか、最近分からなくなってきた。少なくとも髙山路線は司路線と食い違いが生じてきているのではないか。それは弘道会全体の利益にも結びつかない」

しかし、髙山執行部は山口組の主流派であり、大義名分と権限、武力を握っている。執行部は今回の後藤問題で今後、いっそう強権弾圧に出るのか、融和策に転じるのか。これで一件落着となるのか、再び火を噴くのか、山口組問題はなお予断を許さない情況が続いている。

大量処分で潰された「極秘クーデター計画」

執行部批判の分派活動

後藤忠政・後藤組組長の除籍を含め、一挙に大量一一人の直系組長を処分した山口組の粛清劇はこのまま沈静化するのか、それとも第二幕が用意されているのか。——誰もが抱く疑問のはずである。

後藤組長を擁護して執行部を批判する「連判状」に名を連ねた直系組長は一三人だった。このうち一〇人がそれぞれ絶縁、除籍、謹慎と処分され、残る三人は「不問」と伝えられたが、「不問」は正確ではなく、その後「厳重注意、強いていえば訓戒」に改められた模様である。

一部に「ヤクザに訓戒とは!?」と絶句する向きもあったが、この訓戒は以下の理由によるとされる。

〈山口組内で秘密裏に批判分子が集まっていた。彼らは執行部を退陣させようと、クーデターにも走りかねなかった。彼ら直系組長たちが執行部の許可を受けることなく、密かに分派をつくったという事実、また彼らが執行部批判で暴走しかねない恐れがあると知りながら、事前にこうした事実を執行部に知らせず、そのまま放置したのは直系組長として自覚が足りないからだ。他方、こうした分派活動に積極的にかかわらなかった点は評価できる。よって今回は処分を見送り、厳重注意処分とする〉

こうした事実経緯を踏まえた上でのことというのだ。

これが事実なら、山口組の現執行部はクーデターの危険にさらされていたことになる。事実、そうした背景を裏付けそうな評価が執行部に近い筋から聞こえてくる。

「将来、髙山若頭が山口組七代目組長に上った暁に、髙山若頭の功績として真っ先に掲げられるのが今回の騒ぎに対する果断な処分です。分派活動が明らかになった時点で、電光石火、息をもつかせぬ素早さで処分を下し、大事に至らぬ前に対立の芽をつみ取った。

まさしくヤクザ史に残る積極果敢、適切な対応で、しかもこれ以上はないほどの成

果を上げた。高山若頭の功績は実に大きい」（東海地区の組長）
こうした高い評価は執行部批判に踏み切った分派活動や「クーデター計画」の深刻さを自ずと物語るものだろう。一体、分派活動とはどのようなものだったのか。

弁解無用の粛清劇

「後藤組長は割と歯に衣着せず執行部のやり方を批判していた。慶弔などの義理事の際、直系組長と顔を合わせれば、『今の山口組はおかしい。月の会費は一〇〇万円も取るし、水や洗剤などを大量に買わせる。昔の山口組に戻さなければならない』と口にしていたのは事実です。それと一部の直系組長は月の定例会で不規則発言をするなど、態度が悪かった。今の執行部をひっくり返すために密議をこらしたとか、そういう陰謀めいたことはなかったと思います」（組長の一人）
要するに組織に対して不平不満を口にした、愚痴をこぼした程度のことだったというのだ。これを「クーデター計画」というのはいささかオーバーだろうが、その点はとりあえず措《お》く。なぜ、今回の大量処分になったのか。

事情に通じる某直系組長の側近が答える。

「直系組やメディアに流れた『連判状』には一三人の名が連記されていた。常識的に考えて下さい。ホントにクーデターをやるつもりなら、連判状も名前も出さず、いきなり蜂起しますよ。まあ、批判側の状況認識が甘かったといえばそれまでだけど、この程度の批判なら許されると踏んで連判状を出したところ、いきなり処分を食らったというのが実際です。

ヤクザが民主主義を言い出すのはおかしいかもしれないけど、今はヤクザ世界でもこの程度の民主主義というか、執行部批判は許されるんじゃないか。まして六代目は社会不在（服役中）なんですから、執行部にだって至らぬ点、間違った点はあったと思うんです」

今の時代、親分の悪口を言わない子分はいない、とさえいわれる。上司の悪口を言うことが最高のうさ晴らしになるサラリーマン社会と同じわけだ。だが、ヤクザ社会のタテマエは親分が絶対である。そのタテマエを名目に、あっさり首を切られてしまったのが今回の粛清劇といえるかもしれない。

「連判状に名があった直参たちはそれぞれのブロック長に呼び出され、『何だ、これは』と尋問されましたよ。このとき、あれこれ弁解した直参は直後に絶縁、除籍処分です。『すんませんでした。ご指摘のとおり私が至りませんでした』と頭を下げた直参は厳重注意ですんだ。だけど厳重注意でも、首がつながったと考えたら大間違い。早晩『引退したらどや？』と迫られ、まあ直参としての命はもって一年、年が変われば放り出されます。正直、山口組はヤクザがヤクザをやってられない組織に変わりました」（組長の一人）

「焚きつけた者がいる」

批判側に質すと、こういうのだが、奥に別の要因が隠されているのではないか。たとえばしっかりクーデター計画はあったが、立ち上がるタイミングを誤ったとか、手違いがあってあえなく制圧されたとか。

事実、それに近い情報もある。ある組長は「ウラがあるんです」と言い切る。

「連判状にはヒラの直参が知らない山口組の土地問題やカネ問題が書かれていた。こうした情報は執行部の一人から出た。それ以外に流出元は考えられない。その人間が連判状を出すなといえば、連判状は世間に出なかったんです。ところがその人間は批判側を焚きつけて、一三人連記の連判状を出させた。

これで執行部は労せずして批判側を一網打尽にし、組から放り出せた。その人間は執行部に自分の凄腕を売り込めた。執行部の中にはこういう信用ならない食わせ物が紛れ込んでるんです」

ここにいう山口組の土地問題、カネ問題とは何か。一つは五代目組長時代、山口組会館を建設するとして一〇〇人の直系組長から二〇〇〇万円ずつ、合計二〇億円が集められ、用地が買われた。六代目になってからその土地は売却されたが、そのカネがどうなったか会計報告がない。もう一つは五代目時代に貯蓄してきた約一〇億円のカネが使途不明だ、――というものである。

たしかに山口組本部の中枢情報であり、こうした情報を耳にしたことがない直系組長もいる可能性がある。

また談判状の末尾に記された連名の最初の人名は黒々と縦線で消されていた。が、微妙に渡辺芳則五代目組長時代に有力だった組名が窺えたことから、種々憶測も呼んでいた。

山口組情報に通じる東京の実業家が結論じみて、こう断言する。

「要するに分派ができたのは事実として、その分派のボスになるのは誰かってことです。単純に考えれば後藤忠政組長になると思うけど、後藤さんは肝機能の検査が欠かせず、半ば病院通いの身体です。そういう人が山口組の執行部を相手に喧嘩できるわけがない。自分の身辺警護だって難しい情況にあるんです。

後藤さん以外に誰がいるかって言えば、五代目時代の有力組でしょうが、こっちは組内の殺しで警視庁にガサまでされた。警察との応対に手一杯で、連判状なんかに構ってられない。要するに分派ができたとしても、誰も中心となる者がいない。誰も執行部と喧嘩できない。そういう状態にもかかわらず、ヒョイと一三人が実名を出してしまった。これは負けます。勝てない状態でフライングしたんだから、首を取られても仕方がない。要するにタイミングと組む相手が悪すぎた。負けて当然です」

もう一つ執行部側が処分を急いだ理由として、司忍組長の健康問題を上げる向きがある。関西の捜査関係者が漏らす。

「司組長は最近、八王子医療刑務所に検査入院してます。検査入院だから即日帰されたのか、一泊したのか、はっきりしないが、いつも短期で済み、すぐ府中刑務所に戻っている。八王子は身体や精神に障害のあるものを収容する施設です。司組長は府中刑務所で完全独居です。一日中独りで置かれるんだから、これは息が詰まる。それで気晴らしといった意味もあるのか、これまでも何度か八王子に検査に行っている。その度、両施設の間を移送されるので、目撃者でもいるのか、何度か司組長の健康不安説が流れてきた。今回もそうで、司組長が八王子に移されたので、執行部は処分を急いだという情報が流れた。私らもすぐ確認を取りました。司組長の健康と、今回の処分とは何の関係もないと断言できます」

執行部が処分を出した直後、司組長の弁護士が府中で司組長に面会した、司組長の健康に不安があるわけがないという反論も流れた。

大量処分で世代交代

山口組は一一月五日、山口組総本部で定例会を開き、その席で六人を直系組長に抜《ばっ》擢《てき》した。古い直参を切り、その配下から新たな若手を直参に加えたのだから、山口組にとっては処分が効率のよい若返り策となった。

すなわち除籍となった後藤忠政組長の後藤組からは、後藤組の若頭だった良知政志・良知組組長（五九）、本部長だった塚本修正・藤友会会長（五五）を新たに直系組長に引き上げた。やはり今回の処分で除籍となった川崎昌彦会長の二代目一心会からは若頭だった能塚恵三代目一心会会長（四八）を、同じく除籍となった浅川睦男総長の二代目浅川会からは舎弟頭だった一ノ宮敏彰一道会会長（六三）を、同じく除籍となった太田守正会長の太田興業からは若頭だった秋良東力秋良連合会会長（五二）を、それぞれ直系組長に引き上げたのだ。

大量処分は体のいい新旧世代の交代策でもあった。山口組の直系組長という位はヤクザとしては、とりあえず功成り名遂げたことの証明であり、成果でもある。いったん直系組長になったが最後、めったなことでは現役を退かない。山口組の直系組長といえば世間の通りがいいし、また直系組長を退けば、人間的にも経済的にも寂しい思いをすると分かりきっているから、引くに引けない事情もある。直系組の幹部にすれば、上がつかえているから、上には上れない。人事は停滞し、風通しが悪くなる。

それを執行部の強権で打破するのが処分――新規直参への抜擢となろうか。新しく抜擢された者は執行部のおかげで直系組長に上がれたとして恩義を感じ、忠誠を尽くす。それまでの自分を育ててくれた旧直系組長に対しては恩義を感じるものの、執行部からはそれは忘れろとの指示がある。

「新規直系組では、たとえば後藤組長のことを『先代』とか『親分』とか呼んではならないと本部執行部から指示があったようです。後藤組長は一度は本部の若頭補佐に上った大幹部で、ふつうは次代に二代目後藤組という組名乗りを許される。ところが後藤組長が処分されれば、後藤組の二代目はないんです。この辺り六代目体制は非情というか、実に徹底してます。近代ヤクザの面目躍如といったところでしょう」（捜査関係者）

こう見てくると、執行部の迅速な処分で「クーデター計画」は失敗、山口組は盤石の体制といった感じがするが、執行部に距離を置く中堅組長の見方は案外冷静である。

「今回の連判状に名は連ねていないものの、やはり今の執行部はおかしいと思っている直系組長があと一五人はいるそうです。そういう人たちが今後山口組を居心地よく感じるかといえば、そんなことはない。だいたい執行部の前で物を言うのに直立不動の姿勢で言わなければならない。座れと言われるまで立っている。

こういうガチガチの強権体制に順応できるなら、ヤクザはやってないという人が圧倒的に多い。本部になんら親しみが持てない。新規に直参に上がった人の中にも、いずれおかしいと思う人が出てくるんじゃないですか。そうそうヤクザは管理できるものじゃない」

今後とも直系組長たちの不満が不穏な空気に高まることはあり得るとの見立てである。

「トヨタショック」が弘道会を直撃

経営悪化でヤクザも厳冬

トヨタショックは弘道会お膝元の愛知県ではいっそう厳しく、地元経済に壊滅的な打撃を与えている。トヨタ自動車本体は愛知県内の一二工場で〇八年初めまで期間従業員九〇〇〇人を抱えていたが、同年一〇月までにそれを六〇〇〇人に削減、〇九年三月末にはさらに三〇〇〇人にまで絞り込み、それ以外の人員は全て雇い止め、寒空の下に放り出している。

トヨタは〇八年一二月二二日、連結業績予想を下方修正した。本業の儲けを示す営業損益が従来予想の六〇〇〇億円黒字から、一五〇〇億円の赤字に転落すると発表している。同時にトヨタは世界各地での減産計画を公表、今期の減産台数は一〇〇万台を超える見通しになった。しかも経営悪化は〇九年だけでなく、二〇一〇年期の売上高は〇九年より三兆円減って一兆円の赤字、二〇一一年期は七〇〇〇億円の赤字と予想されている。

中部空港も愛知万博も周辺産業もおおよそトヨタでもっていたようなもの。これまでの愛知経済の好調はトヨタあればこそだった。そういう中、肝心のトヨタが大きく傾いたからには、好景気を謳歌した名古屋経済がガタガタになるのも当然だろう。当然トヨタの恩恵に浴してきたヤクザ業界も様変わりの厳冬期を迎えている。

そういう折も折、〇八年暮れ、名古屋を城下町とする弘道会の本部長が三〇〇〇万円を使い込んだばかりか、女性関係も問題視され、除籍という情報がヤクザ界や警察界を駆けめぐった。当初はあまりの不祥事に山口組・髙山清司若頭が頭に血が上って倒れたという尾ひれつきで伝えられたほどだ（すぐ「髙山若頭倒れる」はウソと判明）。

愛知県警の担当者が言う。

「弘道会本部長の三〇〇〇万円使い込み、それによる除籍は事実です。現にその旨を記した回状が各組に回っている。弘道会側はかなりぴりぴりし、この件では会内に厳重なら箝口令《かんこう》を敷いている。髙山はことのほかカネに厳しく、身内だろうと外部の組員だろうと、いったん不始末をしでかした人間は徹底糾弾、表に放り出す。だから弘道会の連中はぴりぴり神経を尖らせているわけだけど、巷《ちまた》では言ってます。『弘道会の大幹部ともあろう者がわずか三〇〇〇万円の使い込みかよ。天下の弘道会も案外鷹揚じゃないな』って。

それだけ名古屋のヤクザもカネ詰まりってわけだ。トヨタがイカれて人材派遣も人夫出しもダメ。派遣会社そのものがつぶれている」

市内の事業家も名古屋の不況突入を裏付ける。

「トヨタは内部留保をたっぷり貯め込んでるから、赤字だってつぶれない。デンソーやアイシン精機なんかも大丈夫。下請けクラスは不景気に関係なく乗り切れる。問題はその下の孫請け、曾孫請けです。港湾荷役の人夫出しは弘道会系のヤクザが仕切っていたけど、これも荷動きが少なく、仕事が減っている。トヨタは前からヤクザ系の人材派遣会社は出入りさせなかったけど、今は派遣社員どころか、派遣会社がつぶれている」

シノギの柱は解体屋と産廃

現在、山口組の主流が弘道会であることは誰もが認めている。弘道会が主流派である根拠は、髙山清司・弘道会会長が山口組の若頭であること、そして弘道会が持つ抜群の経済力と組織力——の二点だった。もちろん弘道会の経済力はおおよそ名古屋経済の好調に支えられてきた。ところがここに来てトヨタ帝国の壊滅的打撃である。弘道会の盤石の経済に異変は出てきているのか、いないのか。

先の事業家が解説する。

「スナック程度だと、弘道会に払う月の用心棒代が一万円ぐらい。クラブやカジノ、風俗だと月五万、一〇万、五〇万と高くなっていくけど、用心棒代についてはここ二、三年、何の変化もない。

今ヤクザのシノギでいいのは解体屋と産廃（産業廃棄物の処分）だけだ。

昭和四〇年代に建ったビルが建て替え時期を迎えている。それに耐震型への建て替えもあって、ビル解体は仕事が多い。解体料は建坪で計算し、相場は坪五万〜六万円といったところ。問題は昭和四〇年代のビルが天井裏にたいていアスベスト（石綿）を貼っている点。昭和三〇〜四〇年代、鉄骨建築ではアスベストを軽量の耐火や断熱、防音のための被覆材として大量に使っていた。このアスベストが難物だ」

日本では昭和五〇年に吹き付けアスベストを禁止したが、それ以前に建築のビルにはほとんどアスベストが使われていた。アスベストは肺線維症、肺ガン、悪性中皮腫の原因になるとされ、今後は建築物の解体に伴い、使用されていたアスベストが飛散、被害が拡大すると予測されている。二〇二〇〜四〇年ごろが被害のピークだと環境省は見ている。

「たいていの業者はアスベストを扱いたがらない。天井裏からアスベストを引き剝がす作業でアスベストを吸い込む危険がめちゃ高いからだ。防塵マスクをかぶってようと関係ない。だいたい作業員がやりたがらない。

その点ヤクザは中国人など外国人を使って引き剝がし作業をしている。外国人がどこまでアスベスト被害を承知しているか、業者がまるきり害を知らせてないのか、カネになるならと危険覚悟なのか、知らないけど、とにかく外国人にやらせている。

アスベストの引き剝がし料は坪一万円だ。アスベストを引き剝がしてから解体に入るわけだが、ヤクザ業者は坪三〇〇〇円くらいで楽に引き剝がす。しかも引き剝がしたアスベストは本来セメントミルで混ぜて管理型の最終処分場に埋め立てなければならない。廃棄処分料が経費として掛かるわけだ。

産廃にはマニフェストといって、処分の各段階で送り状のやりとりがある。一応不法投棄できない仕掛けになっているわけだが、ヤクザ業者はそんなものは無視している。三分の一ぐらいを正規の手続きで処分して、後はアスベストを丸めて山の中に埋める。アスベストは綿みたいなものだから、圧縮すれば、小さくなる。不法投棄分は正規に処分したマニフェストを使ってごまかす。

だからヤクザ系の解体業者は堅気の同業者に比べて競争力がある。料金も安くできるし、大きく儲けることもできる。だいたいアスベストの処分込みで坪三万〜四万円で解体を請け負ってしまう。ヤクザ系解体業者はかなり儲かっている」（市内の事業家）

ヤクザはまだまだ産業の隙間、隙間に入り込んではカネを稼いでいる。命知らずの外国人との二人三脚で儲けるわけだ。

産廃業の方はどうなのか。先の業者が続ける。

「産廃業には運搬業、中間処分業、最終処分業の三つがある。ヤクザがやってるのは一番簡単な運搬業で、コンクリガラなど建築廃材も運んでいる。彼らは簡単にいえば処分場に持っていかず、山の中で不法投棄する。谷底に放り捨てて、後は知らん顔だ。仕事を出す方も引き受け値をちょっと見れば、不法投棄か正規の処分か分かるわけだが、不法投棄と承知しつつ、ヤクザ業者に発注している。仕事を業者に出す方も悪い。

おまけに警察もヤクザ系業者の不法投棄は見て見ぬ振り。『人的被害が出なければいい。奴らも生きてる虫やから、飯食わしてやらなあかん』と放言する刑事もいる」

マニフェスト制で不法投棄は根絶されるはずだったが、実際には不法投棄が続いている。不況の今、直接、生産・販売に結びつかない産廃処分料はできるだけ安くという圧力が強まり、結果的に一般企業が暴力団を養っている。それが社会を汚し、水源と自然を汚し、住民に健康被害をもたらすという構図である。

高山組の盤石な経済力

愛知県警の罪は重いというべきだが、県警は他府県に比べ遅ればせながら、アングラカジノの摘発に乗り出している。〇九年一月一二日には名古屋市栄のカジノクラブを摘発、経営者と従業員九人を賭博場開帳図利、客の男女一六人を賭博の現行犯で逮捕した。カジノ店ではバカラを中心に営業し、バカラ台五台と現金約六〇〇万円を押収したというから、かなり広いアングラカジノだったことは間違いない。

地元の風俗業者が指摘する。

「名古屋のアングラカジノはだいたい弘道会の枝の組の経営と見てまちがいない。風俗業も弘道会直系ではなく、たいてい枝の組の者にやらせている。

ところで弘道会の髙山会長は地元の業者六〇社ばかりを集めて『髙山会』という集まりを持っている。地元大手の建設や鉄鋼業者も入っている集まりだが、その中の一社であるT社が東証二部辺りに上場を考えている。

そこが上場に向け具体的に動いたところ、相談した証券会社にアドバイスされたらしい。

『お宅は市内一の盛り場である錦に七階建てから一〇階建てのビル三本を持っている。だけどそのうち二本に入っているのはヤクザ系の風俗業者ばかりじゃないか。上場すれば問題化するから、上場前に売却したらどうか』と。それでそのビル二本を五〇億円ぐらいで売りに出した」

錦辺りの店舗賃貸料は平均坪当たり二万円という。T社ビルのテナントは好況時に契約したものか払いがよく、平均月二万七〇〇〇円の賃料らしい。

「テナントが入っているビルで、しかも賃貸料収入が周りの物件と比べていい。これは買い物だ、買えば収益が上がるって何社も買い手が現れた。しかしどの社もそのうち話が立ち消えになる」（風俗業者）

なぜなのか。不思議な話である。

「調べに入ると、ビルに入っている業者がほとんど弘道会系と分かってくる。うっかり買えば、後々大ごとになる。出てもらいたくても出て行く相手ではない。これは買えんと、みんな手を引くわけ。で、ビルは二本で四〇億円に下がり、今は二七億円に下がって、まだ買い手がつかない」（同前）

五〇億円のビル二本がほとんど市価の半値である。度胸さえあれば、これ以上いい買い物はないと思えるが、買い手がつかない。

「だから地元の不動産業者の中には『誰でもいい。とにかく買ってくれ。買ってくれさえすれば、それは善意の第三者だ。善意の第三者が転売すれば、後の買い手は法的に何の責任も問われない。高値で売れることは間違いないんだから、転売目的で買う人間はおらんか』と言っている。しかし、入ってるテナントが揃って弘道会系だからね。そんな、買い手と買い手の真ん中に入ってケツ持たせられたら敵《かな》わんと逃げる業者ばかりです。

今言われているのは、当の弘道会以外に買い手は現れない。最終的には弘道会自体がビル二本を一〇億ぐらいで買うだろうってことです」

となれば、弘道会が錦の繁華街に二棟の自社ビルならぬ自組ビルを持つことになる。実現すれば暴力団史上、空前の快挙にちがいない。かつてこれほど豪華広壮なビルを持った組はない。

そうでなくても弘道会は金持ちという定評がある。山口組五代目だった渡辺芳則元組長が箱根に持っていた別荘を六億円で買ったという噂さえ流れ、功績ある幹部の療養に使っているという。

不景気とはいえ、逆に不景気を追い風に利益を重ねる組もあるわけだが、弘道会の中でもとりわけ髙山若頭が率いる髙山組だけが突出している、と県警の担当者は見ている。

「シノギで盤石なのは髙山組だけです。弘道会でも他の組や、あるいは他の山口組系、非山口組系、どこもかしこも実態は青息吐息でしょう。かといって力関係から髙山組に対しては指をくわえて見守るだけ、グーの音も出ない」

結局、暴力団は究極のゼロサム世界ということか。「勝った者がみんな持っていく」ことを実感する時代である。

二代目竹中組組長内定

竹中組の竹中武組長が〇八年三月肝臓ガンで死んで一〇ヵ月、竹中組では二代目竹中組組長に、当時服役中で二年後出所が予定されていた安東美樹幹部を内定した（安東幹部は一〇年末に出所したが、竹中正組長代行や岡山の竹中家にほとんど接触せず、一四年三月、正組長代行の死で竹中組は消滅した)。

安東幹部は八八年五月、神戸市東灘区、一和会会長・山本広宅襲撃事件を起こし、長く熊本刑務所で服役していた。当面は、四代目山口組・竹中正久組長の実弟である竹中正相談役を組長代行に、安東幹部の出所までしっかり留守を守ると組員協議の上、決めたという。

三代目竹中組の事務所は岡山から正久組長ゆかりの姫路に戻し、四代目の仏壇も姫路に移して祀ることになった。

竹中正・新組長代行が言う。

「竹中組は現在、岡山、東京、大阪辺りに二五人ぐらい残っているが、少人数で構わない。正久組長が産み育てた名誉ある組であり、人に後ろ指を指されるようなシノギはせず、堅気が集まったような組になるはずだ。安東幹部を指名するのは武組長の意向でもあった。当面は竹中組・竹中武組長が決めた路線、つまり独立独歩路線で行く。山口組本家に戻るかどうかは、出所後、安東幹部が決めればいいことだ」

いずれにしろこれで名門竹中組の存続が決まったことになる(安東は一〇年に熊本刑務所を出所し、一時三代目一心会の副会長として迎えられたが、その後柴田会初代の引退に伴い、二代目柴田会を継ぎ、一四年山口組本家の直参になった。一五年山口組の幹部に昇格。竹中組組長への襲名はまだ実現していない。一五年九月復活の話が六代目山口組司組長により発意されたが、竹中家は竹中組の復活を認めなかった)。

井上邦雄・山健組組長と浪川政浩・九州誠道会会長の「盃」

警察も情報分析に苦慮

〇九年二月三日、神戸の有馬温泉で山口組若頭補佐、山健組の井上邦雄組長と九州誠道会・浪川政浩会長が代紋違いのまま兄弟盃を交わした。浪川会長の方が五厘下がりと伝えられる。井上組長—浪川会長の兄弟盃が投じた波紋は意外に大きく、愛知県警や警視庁さえこの盃事をどう評価すべきか、情報分析に苦慮している（九州誠道会は一三年六月福岡県久留米署に解散届を提出、道仁会も抗争終結を宣言した。同年一〇月、浪川を会長とする「浪川睦会」が設立された）。

まず二人の盃事が実際に行われたかどうかだが、九州誠道会幹部ははっきり肯定する。

「確かにうちの浪川会長と山健組の井上邦雄組長とは五厘下がりで兄弟盃を交わしました。これは山口組の高山清司若頭も承認したことで、高山若頭が後見人です。しかし当分の間、表沙汰にしません。内輪の関係で通します」

〇六年五月から九州誠道会と激しく抗争し、〇八年三月一応抗争を終結したとされる道仁会側も両者が盃を交わしたことは認める。

「浪川さんと山健組の井上さんが兄弟分になったことはうちも確認してます。要するに山口組の立場がここに来て、九州誠道会側に寄ったということでしょう。この関係締結で九州誠道会が今後どう出るのか、うちも警戒しつつ見守ってます」

だが、山口組サイドからは結縁情報が漏れ出てこない。わずかに山健組の一部「盃があった」ことを認め、兵庫県警などは「いろいろこの件につき情報や解説が流れていることは承知している。しかし九州誠道会と山健組との間に盃事はなかった」と堂々否定情報さえ出す始末である。

山口組の中に否定的な見方が存在する。

「だいたい六代目山口組の基本姿勢は道仁会―九州誠道会の争いにはかかわらない、中立で行くというものだ。今、両派の抗争が終わったのか、単なる中休みなのか分からないけど、山口組の執行部がこの基本姿勢を改めたってことは聞いていない。もちろん以前から、浪川会長は、山健組若頭の兼国会（現・健國会）山本國春会長と兄弟分だった。九州誠道会の村神長二郎初代会長は同じく山健組・井上邦雄組長と兄弟分だった。村神さんは〇八年三月会長を引退し、二代目会長の椅子には浪川さんが座った。しかし、だからといって浪川会長が今になって山健組の井上邦雄組長と新しく盃するのか。盃するとして、双方のメリットは何なのか。何もないだろう。だから盃する理由が思いつかない」（山口組の中堅幹部）

浪川会長の隠然たる力

しかし前記したように九州誠道会、道仁会はもちろん、九州の山口組系組織、関西の山健組系組織、警視庁、愛知県警、住吉会などは「まちがいなく山健組・井上組長と九州誠道会・浪川会長は兄弟盃を交わした」という事実を認めている。兵庫県警の否定情報にもかかわらず、両派の盃はあったと考えざるを得ないのだが、あるいは読者は疑問に思うかもしれない。盃があったなかったで、なぜ大騒ぎするのか。あろうとなかろうと大勢に影響なかろう、と。

その通りかもしれない。だが、両派の盃が情報の真偽を含め、なぜここまで論議を呼ぶかといえば、一つに九州誠道会・浪川政浩会長が持つ隠然たる力が山口組の今後にどう影響するか、関係者の関心を引いてやまないからだ。

九州誠道会（現・浪川睦会）は福岡県大牟田市に本拠を置く指定暴力団で、勢力は準構成員を含め約四五〇人といったデータは表面的すぎる。海に浮かぶ氷山と同じで、その影響力は想像以上に大きく、遠くにまで及んでいる。

浪川会長を熟知する都内の事業家が解説する。

「浪川さんの実態は今現に全国区のヤクザだっていうこと。単に九州という一地方ヤクザじゃない。東京には組事務所の名目ではないけど、おそらくヤクザ関係では東京一大きいビルを丸ごと拠点にしている。九州はもちろん、岡山や姫路、神戸・花隈にも拠点を持ち、山形にも勢力を扶植している。

浪川さんは経済力に優れ、全国のヤクザとカネの関係がある。山口組の山健組はもちろん、弘道会とも通り一遍のつき合いじゃない。しかも九州誠道会は喧嘩が強い。いざ抗争になれば徹底的に戦うことは、道仁会との抗争で嫌というほど見せつけている。

他団体は葬式などで、道仁会を呼ぶなら九州誠道会は呼ばないなど、一見、九州誠道会には業界の孤児的なところがあるけど、実態はまるで逆。業界の実力者です。浪川さんがヤクザの次代を担うことはまちがいないから、なぜ今この時点で山健組の井上邦雄組長と兄弟分になるのか、好んで山口組にかかわっていくのか、想像がつかない。浪川さんのことだから、山口組に対して何か仕掛けるつもりかもしれない」

山健組の微妙な情勢

九州誠道会と山口組との関係が論議されるもう一つの理由は山健組を取り巻く現在の微妙な情勢にある。

神戸の山口組系中堅幹部が語る。

「二月三日、警視庁の担当者が兵庫県警に出向いて、合同会議を開いてます。議題は山健組と、それに関連する髙山清司若頭のことです。

〇七年一〇月東京・御徒町の路上で山健組系多三郎一家福富組（名古屋）の中西真

一元幹部が射殺された事件で、警視庁は今内部犯行説に立って、じりじり突き上げ捜査に掛かってます。山健組には体を躱《かわ》している幹部が何人かいるようだけど、警視庁は誰が中西真一元幹部の殺人を命じ、指令し、教唆《きょうさ》したのか。また〇七年五月、同じく多三郎一家・後藤一雄総長が新神戸駅近くで殺された事件でも、誰が殺人を教唆したのか、大もとに迫ろうとしてます。

両事件の根は一緒と見ている。兵庫県警との情報のすり合わせ、捜査協力が欠かせないわけです。警視庁は本気だし、あわよくばこの事件で山口組の本丸さえ突きたいと考えている。

山健組で井上組長の相談相手といえば、兼国会の山本國春会長、前の若頭の妹尾英幸・妹尾組組長ぐらいだった。ところが妹尾組長は〇八年亡くなり、兼国会・山本会長は身辺が忙しい。そこで前から親しかった九州誠道会・浪川会長が兄弟盃を機にこれまで以上に、井上組長に智恵を貸すんじゃないか、また今の山健組の情況では、浪川会長が智恵を貸すほかないんじゃないかと見られてるわけです」

盛力健児・盛力会会長が除籍

たまたま盃があった同じ二月三日、山口組直系の盛力会・盛力健児会長が除籍になった。〇八年一〇月、後藤組・後藤忠政元組長がゴルフコンペを開催した件で除籍になったことにからみ、山口組の直系組長一三人が名を連記した上、激しく執行部を批判する怪文書(連判状)が関係先に出回ったことはまだ記憶に新しい。その直後、怪文書に名を連ねた直系組長たちはあらかた処分されたが、中にお咎めなしの直系組長が三人いた。

その三人のうち一人が盛力会長だったわけだが、ついにここに来て突然、除籍となったわけだ。

執行部側の時間差攻撃というか、分断統治というか、盛力会長はあっけなく引退に追い込まれた。今後は少林寺拳法の普及に努めるようだが、親しい企業人にはこう洩らしているという。

「〇八年一〇月段階では『あんたは怪文書に無関係と分かった。不問だ』と言っておきながら、その舌の根も乾かないうちに今回、問答無用で除籍ときた。だまし討ちに遭ったようなものだが、もう山口組に未練はない」

盛力会長の無念の思いは理解できる。盛力会の組織は盛力会長の除籍とほぼ同時に、新しく飯田倫功会長を立て、倭和会の名で再発足した。飯田会長が直系組長に取り立てられることは既定の路線である。

実は怪文書が出た当初から指摘されていたことだが、名を連ねた直系組長たちの多くは初代山健組の出身か、渡辺芳則五代目組長と縁が深かった者たちだった。この二つを「山健組系」と名づけるなら、盛力健児会長も初代山健組の出身で、渡辺五代目時代に直系組長に取り立てられているから、文字通り「山健組系」の直系組長といって差し支えない。

そのため表面的には、こういえるかもしれない。つまり「山健組系」の直系組長はほとんど髙山若頭が主導する現執行部体制を批判的に見ている、逆に髙山若頭以下執行部は「山健組系」の直系組長の大半を邪魔くさく感じ、いずれ新規の組長と交替すべきだと考えている——と。

事の真偽は別として、「山健組系」組織の中で主流中の主流が山健組であることはまちがいない。この山健組に対しても同じことがいえるのか。つまり今後、山健組でも首のすげ替え、世代交代があり得るのか。山口組で相次ぐ除籍や破門、絶縁処分を見ていると、いきおいこうした疑問も湧く。

答えは否である。山健組や井上組長については右に記したことは当てはまらない。なぜなら井上組長は六代目体制が成った後、直系組長に上ったたし、六代目体制の下で若頭補佐に抜擢された。井上組長自身が新規の世代であり、こと改めて交替する理由はない。

しかも山健組は山口組史の中で特筆大書すべき名門であり、絶やしてならない組織であることは髙山若頭が十分承知している。六代目山口組の基本姿勢の一つに歴史の尊重があり、四代目竹中正久組長が創立した竹中組でさえ、再び山口組の傘下に迎え入れたいと願っている現実がある。

こうした流れの中で井上組長—浪川会長の盃事を見ると、執行部が承認した上での山健組に対するテコ入れ策であることは明らかである。

山口組事情に通じる関西の企業人が言う。

「山健組を見ていると、最近は自分の身に降りかかった火の粉を振り払うのに精一杯という感じだ。いい加減、火の粉払いは卒業し、もっと山口組のために活躍してくれないかと髙山若頭は考えている。それと山健組を守り立てることで執行部批判の風を弱めたいという狙いがあるかもしれない。

だからこそ今回、浪川会長と兄弟分にした。髙山若頭がこの盃事の後見人を務めたことの意味を見逃すべきじゃない。井上組長は浪川会長の智恵も力もアテにできる。浪川会長にとっても、井上組長との盃でぐっと交際範囲が広がり、より広い世界に影響力を広げられる。道仁会にはちょっと気の毒だが、大仰にいえば、今後、山口組の歴史が変わるほど大きな意味を持つ盃事だと思う」

今まで九州誠道会・浪川政浩会長を知る人は少なかったが、山口組直系組の幹部とではなく、本部執行部の一員と盃を交わしたことで、「山口組の浪川」に大化けする可能性があるという指摘である。

横綱・朝青龍と山口組の危険な関係

「大好きな大阪」でトラブル

横綱・朝青龍は「大阪が大好き」と公言しているが、〇九年三月の大阪場所は一一勝四敗と振るわなかった。一月の稽古総見では調子が悪く、進退問題まで取り沙汰された。すでに相撲取りとして盛期は過ぎたのかもしれないが、大阪場所中は土俵外のいざこざが重なり、ストレスに見舞われていたことも事実である。

大阪キタの夜に詳しい山口組系の中堅組長が語る。

「北新地で人の姓を店名にしているクラブはたいてい老舗ですわ。その一つ『O』も老舗の高級店で、人ひとりが座って五万円という店です。『O』では原則ヤクザの入店お断り。われわれにとっても敷居が高い店だけど、もちろん例外はあります。

朝青龍は〇九年の三月場所が始まる前、三月一二日にタニマチと一緒にこの『O』に回り、酔って言い合いになり、タニマチをこづいた。次の日、タニマチが病院に行くと、あばら骨だかを骨折していることが分かった。しかしタニマチだから、警察に被害届は出さず、朝青龍は事なきを得たって話です」

この中堅組長は数年前、業界の関係者から朝青龍の夜の相手をする女性を段取りするよう頼まれ、結局は断っている。朝青龍があまりに多く騒ぎを起こすため、紹介しても、女性とトラブルになるのは必至と見たからだ。

「どうも場所中、朝青龍は毎晩、日替わりでやりたいらしい。精力がありあまってますからね、一人の女じゃ満足できない。それでぎょうさん女を段取りせにゃあかんのじゃないですか」

キタの高級クラブで乱暴

実は朝青龍は場所前どころか、場所中にもトラブルを起こしていた。三月二七日、金曜というから、ちょうど負けが込み出した時期である。朝青龍は初日から九連勝だったが、一〇日目、それまで一四勝二敗と圧倒していた日馬富士に敗れてガタガタになり、ついに以後、四敗と負けを重ねた。

前出の山口組系中堅組長が話を続ける。

「負けが込んで気持ちがむしゃくしゃしていたんじゃないですか。この日も朝青龍はキタで飲んでます。最初はやはり高級クラブ『O』で、その後『A』に回った。『A』はミナミからキタに進出した店で、同じように高級店だけど、『O』に比べれば入りやすい。そのかわり朝青龍に限らず、何かとトラブルが多い店です。『O』の段階から朝青龍は山口組直系組の若頭Yと一緒だった。Yはヤクザ風というより、むしろ企業舎弟風というか、仕事師風の男です。そこにやはり直系組の若頭から直参（直系組長）に上がったばかりのSが合流した。二人はついこの間まで山口組本部の若頭会で一緒だったけど、Sが一足先に直参に出世した。それで関係がギクシャクしたのか、YとSが飲むうちもめ始めた。朝青龍が『まあまあ、押さえて、押さえて』と仲裁に入ったと聞いてます。

そこにこれまた直系組の若頭から直参に上がったばかりのAが加わった。Aも若頭会で、YやSとは顔見知りです」

なにやら初手からすごい話になってきた。朝青龍は千秋楽の二日前、若手とはいえ、山口組の直系組長二人、直系組の若頭一人とキタ新地で酒席を共にしていたというのだ。事実なら、これだけでスキャンダルと騒ぐメディアが出てもおかしくない。

話はまだ続く。

「その後、朝青龍、Y、S、Aの四人は一団になって前記のクラブ『A』に移った。Yは自分が朝青龍と一緒のところを見せたいと思ったのか、電話して、堅気の社長連中を店に呼んだ。社長連中は『朝青龍だ、すごい』と盛り上がり、『一緒に写真撮ってもらってええですか』と朝青龍にせがんだ。朝青龍はそのうち社長連中をうるさがり、『たいていにせいや』と突き飛ばした。と、打ち所が悪かったか、社長の一人がケガをした。

Yはこのときかなり酔っていたが、さすがに大ごとになってはと気づかい、『朝青龍関は悪くない。店にあんたを呼んだわしが悪い。これで勘弁しーや。一つ内分に頼むわ』とケガをした社長にカネを渡したそうです。で、社長は被害届を出さず、その場で騒ぎは丸く収まったといいます」

プライベートな息抜きの場でサインをせがまれれば、朝青龍ならずとも頭に来よう。分からなくはない。だが、理由の如何《いかん》を問わず、この社長が被害届を出せば、朝青龍は傷害事件の加害者として警察の世話になり、メディアには叩かれたはずだ。それを未然に防いだ直系組の若頭Yはえらいとなりそうだが、事はそうならなかったという。

山口組系の中堅組長は「後日談がある」と続ける。

「二日後、たまたまこの『A』に髙山清司若頭が山口組の秘書と一緒に顔を出したそうです。その折、事のおおよそを小耳に挟み、早速、Y若頭の親分であるH直系組長を呼び出して経緯を質した。だけどH組長はY若頭から話を聞いていず（報告を受けていず）、二人の話は嚙み合わなかったものの、H組長は髙山若頭から注意を受けたそうです」

以上が「朝青龍事件」のおおよその流れである。一連の騒ぎが事実なら、朝青龍は場所前も場所中も危機一髪で傷害事件の表沙汰やスキャンダルを逃れたことになる。

山口組がらみの「別説」

もちろんキタ新地や大阪の山口組筋には別説も流れ、これまで述べてきたことがまちがいなく事実だと主張するつもりはない。話の性格上、うわさ話の類であり、直接当事者にウラ取りするような話でもなかろう。だが、それにしても朝青龍と山口組直系組長たちがどういう形で交際しているか、山口組直系組長や若頭たちがどんな形で飲んでいるか、なんとなく雰囲気は分かる気がする。双方とも相手側を気づかい、かばい合って致命的なダメージは与えまいとしている。いわば持ちつ持たれつの関係だろう。

山口組直系組長の側近が伝える別説はこうである。やはり日時は三月二七日夜から日付が変わる二八日深夜まで。場所もキタ新地の高級クラブ『O』と『A』。日時、場所については両説が一致しているが、回った店の順序や、登場人物たちの関わり合いが大幅に違っている。

「最初、朝青龍は『A』で飲み、同店につとめる女の子をこづいた。以前にも朝青龍はこの『A』でホステスに暴力を振るっている。その後、朝青龍は『O』に回り、横にいてがやがや騒ぎ立てる堅気を突き飛ばして、ケガを負わせた。この堅気は頭に来て、直参に上がったばかりのA組長を店に呼んだ（クラブ『A』で最初にこづかれたホステスが頭に来て、A組長に介入を頼んだという説もある）。A組長の実父は旧柳川組の出身で、A組長自身が今大阪で一番ぶいぶい言わせている売り出し中の若手組長だ。

このA組長が被害者の堅気になりかわって朝青龍に掛け合い、見舞金として少なない額を要求した。朝青龍は事態の進展にしょげていたが、二〜三日後、どういうわけか、山口組・髙山若頭の秘書（直系組長の一人）が朝青龍側に立って『横綱が見舞金を出すのは当然としても、もっと安くしてやれや』とA組長に交渉し、結果的に見舞金は半額になった」

と、いうのだ。

両説とも、一、朝青龍が堅気に暴力を振るった、二、山口組側は、暴力を振るわれた代償に堅気がカネを受け取るのは当然と考え、受け取れるように計らった、三、髙山若頭、もしくはその秘書はどちらかいうと朝青龍に同情的に見える、四、総じて山口組側は朝青龍の暴力が表沙汰になり、事件化しないよう努力した——などの点で共通している。

高山若頭と横綱との接点

だが、両説を比べて、より真実に近そうなストーリーは最初に紹介した話の方だろう。後に紹介した別説では、なぜ朝青龍が堅気に暴力を振るったか、理由の説明がない。

また別説で、高山若頭の秘書が朝青龍側に立つ条件としては、朝青龍が以前から高山若頭か、その筋と親しく、朝青龍自身が高山若頭の筋に介入を依頼したと考えるほかにない。そのためには朝青龍と高山若頭の筋がかねてから親しいことを証明しなければならないが、そのような交際はこれまでのところ、どこにも報じられていない。報じられていないから両者の交際はないと決めつけるわけにはいかないが、朝青龍とのつきあいは世間に目立つハデな交際であり、高山若頭が好んでハデな交際をするとも思えない。

可能性として唯一考えられるのは占い師・細木数子の線だろう。細木が朝青龍と親しいことは細木自身がモンゴルに出掛けてテレビ番組を組ませるなど、宣伝につとめている。細木数子がまた山口組舎弟である顧問の一人と親しく、弘道会幹部にもパイプを通じていることは周知の事実である。細木数子がパイプ役を果たせば、ことによると、髙山若頭と朝青龍の間に線を引けるかもしれない。

だが、そうとしても、髙山若頭がこの時点で火中の栗である朝青龍に救いの手を差し伸べる必要はなかろう。朝青龍は山口組の直系組長の誰と比べても、より「常習的暴力」に染まっているように見える。横綱は酒乱なのかと疑われるほど、酒を飲んだ上での暴力沙汰や、女性、堅気に対する暴行事件が多く、前記したようにバリバリの山口組系組長さえ、女性の段取りを断るレベルにまで達している。横綱としての「品位」や「人格」など、朝青龍に注文をつけること自体が無理だろう。

「松葉会vs.松葉会同志会」の分裂

同志会の親子縁組盃

松葉会（牧野国泰会長）の中の反会長派は〇九年四月二二日、茨城県鹿嶋《かしま》市の國井会館で「松葉会同志会」（以下「同志会」と略す）を正式に発足させた。関靖夫会長を親に、最高幹部一一人を子として親子縁組盃を挙行、松葉会ときっぱり袂《たもと》をわかって分離、独立を決定的にしたのだ。

これを受けて稲川会は四月二三日、松葉会との親戚づきあいを解消した。山口組も四月三〇日、東京・西浅草の松葉会本部を訪ね、〇七年一〇月以来続けてきた松葉会との親戚づきあいを解消すると伝えた。今後、稲川会、山口組は同志会だけと親戚づきあいするという通告である。

問題はこの後である。早晩、松葉会と同志会が対立し、骨肉相はむ抗争が勃発する可能性は高いとみる向きが多い。勢力的には一見、同志会が有利だろう。同志会は山口組をはじめ、稲川会や双愛会、東亜会など他の広域団体にパイプを通じている。対して松葉会が関東二十日会加盟団体の中で交際を続けるのはわずかに住吉会だけである。いざ抗争になったとき、第三者団体が応援隊を出すケースは少なくなったが、それでも経済的、精神的な支援は当てにできる。

だが、双方の力の差は圧倒的とはいえず、今後両者が首都圏を舞台に激しくぶつかり、潰し合う事態が考えられる。

首都圏の県警で暴力団対策を担当する捜査関係者が指摘する。

「松葉会では近々牧野国泰会長が引退し、荻野義朗会長代行が次期会長に就くのはまちがいない。松葉会はこれで戦う体制をつくれるわけで、抗争が起きるとしても、代替わりの後だろう。

警察は正直いって、関東で山口組に大きな顔をさせたくない。抗争になれば、山口組を徹底的に叩く。そうでなくても警視庁は國粋会の山口組入りで、煮え湯を飲まされている。山口組が同志会をけしかけて松葉会と戦わせ、同志会を山口組に取り込もうとしても、警視庁はじめ関東の警察が許さない」

警察が松葉会と同志会の抗争を手ぐすね引いて待っているのか、勃発を恐れているのかはっきりしないが、今のところ松葉会、同志会とも臨戦態勢には入っていないようだ。

松葉会の中堅組員が言う。

「松葉会から同志会が分裂したといっても、それで自分のシノギが影響を受けるわけじゃない。実態が変わらない以上、目の色変えて喧嘩する理由がない。向こうもそうだけど、こっちも全体のんびりしている。というのは、お互い縄張りが広くて分散しているから、回りに目に見える変化がない。当分、この調子で両派並立でいくと思う」

松葉会、同志会とも「意外なほど豊か」と指摘するのは、両者にパイプを通じる都内の事業家である。そのため抗争が起きないというのだ。

「松葉会はルーズというか、他団体とちがって上からの締めつけがゆるい。たとえばクスリ（覚醒剤など）です。山口組や住吉会でもクスリに触っている組はあるけど、立て前上厳禁だから、クスリをシノギにしていることはあくまでも内緒です。その点、松葉会は上が認めているわけではないけど、あまりうるさく言われない。

また勢力範囲は東京を含めた関東以北、北海道にまで及ぶわけだけど、茨城や福島、埼玉などでは産廃処分場の利権が大きい。だいたい松葉会、同志会の親分連中を通さないとゴミは捨てられないといわれるぐらいで、最終処分場一ヵ所の利権を握ると、定期的に年一億、一〇億の単位でカネが流れ込む仕掛けになっている。

同志会が盃をした茨城県鹿嶋市も豊かな土地で、だいたい高度経済成長期に鹿島臨海工業地帯が造成されたころからずーっと潤っている。最初は漁師に対する漁業補償や土地の取りまとめ、その後は小金を握った地元住民をバクチや女で遊ばせ、今じゃ要所、要所を押さえたコンツェルンですよ。

要するに松葉会、同志会ともカネを持っているから、金持ち喧嘩せずです。周りが煽ったところで、喧嘩を買って出るほどバカじゃない。そのかわりよそ者が自分のシマ内に入り込んで権益を侵すようなら、とことん戦う。そういうときは強いですよ。

過去、山口組だって入れていない」

不発の調停工作

松葉会、同志会がおっとり構えて抗争に踏み切らないのは年配者が多いから、と別説を唱える事情通もいる。

「だいたい牧野国泰会長は八二歳です。現役最長老の首領だから、牧野会長の相談相手になれるのは住吉会・西口茂男総裁ぐらいしかいない。二人は浜本兄弟会で一緒だった。

だから今回、山口組や稲川会の幹部が調停に入っても、牧野会長にすれば孫から何かいわれたって感じでしょう。彼らの言うことをそのまま聞けるもんじゃない。牧野会長には簡単に前言を翻す癖があるけど、やはり貫禄がちがい、誰も約束違反に文句をつけられない」

同志会の親子縁組盃も、牧野会長の二度にわたる翻意で延期を余儀なくされている。前出の捜査関係者が解説する。

「同志会は松葉会に所属したまま、三月一日に結成されてます。役員人事も三月下旬には決まって、四月上旬には盃を行う予定でいた。そしたら稲川会から仲裁の動きが入り、当初は松葉会が同志会側に出した処分を引っ込める雲行きだった。ところが松葉会が態度を硬化させ、仲裁交渉が決裂、それを受けて盃は四月二二日に変更になった。

四月二〇日、関東二十日会の会合が開かれ、またしても松葉会—同志会問題をなんとかしなければという流れになって、再仲裁となった。当初、牧野会長も関東二十日会の裁定に任せるみたいな口ぶりだったが、ぎりぎり詰めていくと、『同志会に流れた者の縄張りは松葉会預かりにする』など、とうてい仲裁人が同志会に持ち帰れないような条件を出してきた。一時は、松葉会が和解に応じる、盃は延期といった雰囲気だったけど、これで決裂、ようやく二二日開催に滑り込んだわけです」

松葉会、同志会双方に通じる事情通が続ける。

「松葉会は組員レベルでも若い人が少ない。五〇代、六〇代が多く、そこそこシノギを持って生活ができてるから、正味の話、いき腰がいい方じゃない。喧嘩はおっくう、バカ臭いと思う者が多数派で、ちょっとやそっとでは戦争モードにならない。

結局、山口組が松葉会と親戚づきあいを解消したのは松葉会への分断工作という見方があるけど、何のことはない、『山口組の失敗』が実態だったのかもしれない。怜《れい》悧《り》をもって鳴る高山清司若頭としては珍しいことだけど、松葉会対策は成功しなかったのではないか。松葉会は九州の道仁会と同じで、舐めてかかったらしっぺ返しを食わせる。一筋縄ではいかない組織なんです」

本格抗争が起きない理由

しかし狙いをつけた組織を二つに割った上、一方に荷担し、他方をじりじり追い詰め、やがては両派とも系列に吸収するのが大組織の常套手段ではないのか。流れからいえば、今は分裂を確定的にして両派に蹴り合いさせる態勢がととのった段階と見れなくはない。

「どうでしょう。事はそう簡単なものじゃないですよ」と釘をさすのは前出の事業家である。

「というのは、松葉会に残った親分連中の中には智恵者もいるし、備えもある。たしかに牧野会長は山口組嫌いで通っているけど、松葉会には山口組にパイプを通じている幹部が何人もいる。山口組の直参クラスに対しカネの面で面倒みている幹部だっているんです。

松葉会全体が必ずしも反山口組ではないし、同じように住吉会も松葉会、同志会両方に通じている。いわば等距離外交であり、他の関東二十日会加盟団体も似たようなものです。要するに松葉会と同志会のケツを掻いて、喧嘩させたら面白いと思っている組織はどこにもない。抗争になれば警察の取り締まりがいっそう強まって、ヤクザ世界全体にいいことなんか何もないんですから。

だから松葉会の激動はこれで打ち切り。当分の間、膠着状態が続くと見るのが正答なんじゃないですか」

事がそう動いたら、山口組―一和会分裂や道仁会―九州誠道会分裂の血で血を洗う死闘とは真反対の分裂局面が関東で実現することになる。そのようなことはあり得るのか。

この道五〇年の現役幹部が言う。

「今のヤクザの関心事は義理や人情ではなく、『食える、食えない』に尽きる。末端にすれば、抗争に参加して懲役に行っても、出所後まず出世できない。組がなくなってるかもしれない。だから抗争はバカらしい。上の人間は上の人間で、ヘタに組員を動員して、使用者責任を問われたら元も子もない。抗争はカネがかかるし、危険でもあるのでやりたくない。警察は警察で、暴力団がある程度数を維持しているから組織犯罪対策一課だ、四課だと言えるわけで、暴力団あっての警察です。

つまり関係者全員が荒っぽいことは避けて通りたい。現状維持が好ましい。とすれば、結論はハッキリしている。松葉会―同志会で今後あり得るのはせいぜいニアミスによる蹴り合い程度。本格抗争は起きない」

ヤクザでさえ草食動物になったということか。荒々しい肉食性こそヤクザの勲章と思う向きにはつまらない予測である。首切りに怯えるサラリーマンとなんら変わらない。

ライオンとシマウマ

だが、警視庁の捜査関係者はちがう見立てをする。

「山口組だけは異質です。組織の名に値する。というのは、敵のタマを取れ、取ったら家族の面倒を見る、出所すれば組長にすると約束し、約束を実行できる組織なんです。なぜなら高山若頭以下執行部が絶対の権限を持ち、平気で直系組長の首のすげ替えをする。出所した組員に報いるため組長の空席がないなら、それまでの組長の首を飛ばせばいいだけ。簡単です。

だから山口組には同志会と松葉会を喧嘩させるメリットがある。喧嘩の費用は両派がもてばいい。山口組に関係ない。両派が喧嘩のあげく、共倒れになれば、願ったり叶ったり。後は山口組がいただく。だいたい山口組が分裂したまま両派の力関係を膠着させるなど、行儀のいいマネをできるわけがない。

こんな組は関東にない。関東は仲よく棲み分けている。シマウマの群れにライオンを放つようなもので、最終的にはシマウマを食い尽くしてしまう。だから警察は山口組を徹底マークして、シマウマを食わせない。住民にとってライオンよりシマウマがいいのは当然のことです」

ライオンがシマウマを食い尽くせば、ライオンも餓死する。それが生態系というものだろうが、警察はどうやらライオンはシマウマを食った後、住民を食いに掛かるといいたいらしい。松葉会―同志会の分裂劇はなお注意して見守る必要がある。

第三章　暴力団排除の包囲網

「暴排デモ隊」が山口組総本部を狙い撃ち

「暴力団の存在を認めない」

〇九年六月四日午後三時過ぎ、約一九〇人から成るデモ隊が神戸市灘区篠原本町の山口組総本部周辺を行進、口々にシュプレヒコールを叫んだ。

「暴力団は解散せよ！」

「暴力団の非合法化を実現せよ！」

「暴力団の存在は許さない！」

デモの隊列は全国各地から集まった民事介入暴力に関心を持つ弁護士が中心だったというから、異例のデモだったことは確かだ。

この日のデモを呼び掛け、リードしてきた三井義広弁護士（当時、日本弁護士連合会民事介入暴力対策委員長、静岡県）が言う。

「山口組本部をターゲットに、弁護士が集まって、暴力団の非合法化をアピールした、という三点で、いずれも初めてのことでしょう。ただしデモの主催は日弁連ではなく、現実に暴力団の民事介入暴力事案に取り組み、また民暴に関心を持って都道府県単位の民事介入暴力対策委員会で活動している弁護士たちの中の有志が集まってデモをした、ということです」

図らずも山口組総本部は暴力団を代表する存在として、デモのターゲットにされたわけだ。ちなみに三井義広弁護士は八六年、四代目山口組系一力一家（青野哲也組長、当時）が浜松市海老塚に組事務所を移転した際、地元住民による組事務所撤去運動の弁護団団長になった人。翌八七年、同弁護士は一力一家組員に刺され重傷を負っているから、山口組とは少なからぬ因縁を持つ。

対して山口組はデモの出現にどう対応したのか。

「妨害行為とか、そういうことは全くなかった。デモの後、われわれは記者会見してます。それも含め、取材するテレビや新聞などメディアの数はすごかったけど、山口組は静かでしたね。当日、予定していた月の定例会を早めに終わらせたようだけど、そのことも後日、報道で知ったぐらいです。デモの後にも何も言ってきていない。デモ警備に当たった兵庫県警は非常に協力的で、なんのトラブルもなかった」(三井弁護士)

しかし前記したデモ隊のスローガンは現在の暴力団対策法に比べて、かなり過激といえる。暴力団の存在そのものを認めず、暴力団は解散するか、地下に潜れといっているに等しいからだ。

三井弁護士がデモに至った考え方を説明する。

「暴力団対策法が施行されたのは一九九二年です。施行からもう一七年たちました。その間暴力団の構成員数は準構成員を含めズーッと八万人前後、まるで横ばいで、減っていない。というのも暴力団対策法が暴力団の存在や活動を認めているからです。早い話、暴力団の組員が飲食店に用心棒代を出せと迫り、店が出す。警察がそのことを知り、やった組員に中止命令を出す。この中止命令をそのまま組員が受け取って、再び用心棒代を出せと迫ったり、用心棒代を取らなければ、お咎めなしです。つまり中止命令はイエローカードにすぎない。退場を迫るレッドカードじゃないわけです。

だから暴力団は減らない。なんのことはない、警察は暴力団対策法で暴力団との共存共栄を図っているのと同じです。暴対法ができたときにはこの法律で、警察と暴力団はいよいよ敵対関係に入るといわれたものです。しかし現実は敵対どころか、今もって両者もたれ合いです。だから新たに諸外国並みに暴力団の存在を認めない法律をつくるべきなんです」

「マフィアになるのは簡単」

こうした動きに暴力団側は当然反対すると予想されるが、当たってみると、意外にもクールな考えでいる。

山口組の中でも主流派に属する幹部が言う。

「弁護士がデモした？　それが何だって感じです。どっちにしろ二〜三年先にはヤクザは非合法になる。そういう法律が早晩できるだろうとわれわれは読んでいる。非合法になれば、ヤクザはマフィアになるしかない。それしか生き様がないわけだし、ヤクザがマフィアになってもいいんじゃないの」

開き直りに近い発言と思えるが、必ずしも少数派の言い分ではない。山口組系の別の古参幹部も言う。

「だいたい暴対法ができたとき、この分じゃゆくゆくマフィアになるしかないなって読んでたからね。暴力団という存在そのものが悪い、暴力団に加わること、暴力団に入れと誘うこと、組員であること、そういうのが全部違法で有罪だっていうのなら、地下に潜ってマフィアになるしかないじゃないの。

マフィアになるなんて簡単よ。組員全員の籍を抜いて表面カタギにし、その実、しっかりヒモを握って、彼らの稼ぎを吸い上げればいいだけの話。その方が警察に暴力団だって目をつけられることもないし、たとえ若い者が捕まって有罪になっても、暴力団だからって刑が重くなることもない。万事好都合って、わしは思うけどね」

ヤクザ、暴力団は一般人に知られてナンボの世界のはずである。だからこそ「男を売る」や「喧嘩に勝てば自然にカネが湧いてくる」という言い方が成立する。組の名前が広く知られ、組のために走る若い衆がたくさんいる、何をするか分からない組織だからというので、事業家などが暴力団に債権の取り立てや、もめ事などの解決を頼みにくる構図がある。対立する暴力団が知名度で劣れば、争わずに兵を引く合理性もある。

マフィア化すれば、組織本体の存在を隠し、組員の身元を隠した上で種々の犯罪を遂行しなければならない。いわば秘密裏の犯罪株式会社化が不可欠のわけだが、そんなことが日本の暴力団にできるのだろうか。

「できるに決まっている」と言うのは、先の主流派幹部である。

「デモがあった当日の午前一〇時半、山口組は予定通り月の定例会を開いている。三〇分も時間をかけず、即、お開きになったってことは特別な伝達事項がないからで、伝達はブロック会議でやっている。すでに定例会は直系組長たちが顔を見せ合うことに意義がある形式ともいえるわけで、いざとなれば本部での集まりはもちろん、ブロック会議だってカットできる。

今は意思の伝達手段がいくらでもある。電話、ファックス、携帯、電子メール、暗号化、何だって使える。だから本部やブロック会が水面下に沈んでも、中央集権による組織コントロールが可能です。組織の非合法化なんて痛くも痒くもない。

それにヤクザがらみの殺傷事件で迷宮入りっていうのはいくらもある。なぜ迷宮入りかっていえば、ヤクザがすでにマフィア化しているからだ。昔じゃあるまいし、ヤクザが警察に実行犯を自首させるなんてことはバカバカしい。今どきのヤクザがやることじゃない。絶対部外秘の殺しだってできるし、現にやっている。殺しに比べれば、シノギを秘密裏に進めるなんてことは児戯に等しい。マフィアをやれないと考える方が逆にどうかしてると思う」

マフィア化には絶対の自信を持っているようだ。もっともマフィア化すれば、山口組のような巨大組織は分断化されると見なければなるまい。本場アメリカのマフィアがファミリー単位で動くように、巨大組織が巨大なままアングラ化するのは難しい。山口組は全国を七ブロックに分けているが、ブロック単位でもマフィアとしては大きすぎるかもしれない。

非合法化に慎重な捜査関係者

「暴力団の非合法化は望ましいことではないね」と否定するのは、意外にも兵庫県警の捜査関係者である。

「要は情報取りに掛かっている。一にも二にも暴力団情報をどう取るかということ。

情報が取れるなら、非合法化もいいだろうけど、非合法化すれば、ますます情報が取れなくなる。

そうでなくても暴対法以降、暴力団情報が取れなくなった。だいたい組の事務所に刑事を入れない。一緒に茶も酒も飲みたがらない。下っ端ならパクったとき因果を含めて情報提供を約束させられる。しかし上層部はパクれないから、コネのつけようがない。特に六代目山口組は徹底的に警察への情報を遮断している。

今でさえこうだから、非合法化すれば、完全な闇になる。だいたい日本では蛇の道はヘビってわけで、悪いことをしている人間が悪い人間を知っている。それを生かすためにヤクザの親分に十手、取り縄を許したわけだ。そういう日本の伝統を暴対法が壊し、さらに暴力団の非合法化で壊す。治安にいいことは何もない。非合法化は国民にとって逆に危険と思う」

最近、警察の捜査力は衰えたというが、実はもともと捜査力などなかったのかもしれない。単に暴力団が捜査に協力していた時代は検挙率が高く、協力しなくなったら検挙率が下がっただけの話かもしれない。警察は暴力団に暴力団情報ばかりか、裏社会情報全般を仰いでいる気配がある。だからこそ三井弁護士が「警察と暴力団は共存共栄」と評したのだろう。

暴力団の非合法化に関し、警察と暴力団のどちらが強気かといえば、暴力団の方らしい。警察は非合法化に対し、どうにも腰が引けている。考えてみれば、暴力団が存在するからこそ、警察の暴力団対策室や組織犯罪対策課が存在するともいえる。暴力団が非合法化で消滅すれば、そうした部課の存続も根拠がなくなる。実質的に総会屋がなくなっても、警察がまだ総会屋の危険性を説き、総会屋対策を企業に強いていることに窺われるように、警察にとって敵対勢力はなくてはならない存在といえるかもしれない。敵がいなくなれば、マル暴刑事OBの再就職先にも困ることになる。

警察は暴力団の非合法化に関し、弱気な点では弁護士以下ともいえそうだが、しかし弁護士もまた実際に民事介入暴力に取り組むことになれば、警察からの情報提供を必要とする。

警察は都道府県などからの問い合わせがあれば、その人間が組員か、その企業がフロント企業か、答えなければならない場面が多い。公営住宅からの組員締め出し、公共事業や公共サービスの下請け、孫請けなどからの暴力団系企業の排除など、警察情報が物を言うわけだが、その情報のもともとの出所は暴力団以外にないから、警察の立場は腸捻転を起こしそうに複雑である。

「法的な許容は海外ではありえない」

三井弁護士が言う。

「暴力団を非合法化すればマフィア化するとは以前から言われていたことです。しかしまず眼前の不正な組織をなくすことです。犯罪を専門とする組織が日本で法的に許容されていること自体がおかしい。海外ではあり得ないことです。そういう組織をなくした後、どうなるかは、その時点でまた考えればいい。壊滅、壊滅と五〇年近く言い立てながら、いっこう壊滅しないことのおかしさにいい加減、気づいてもいいんじゃないですか」

ヤクザがマフィアになることは怖そうだが、アメリカもイタリアもマフィアと真っ正面から闘い、今やマフィアの噂さえほとんど聞かなくなった。日本だけが江戸期からの慣習を引きずり、暴力団を裏社会のお目付役、「蛇の道はヘビ」のヘビに措定することは、警察が無力であることの告白かもしれない。

しかし警察官のホンネが非合法化に反対である以上、そうおいそれと暴力団が非合法化されるはずはない。警察にとって暴力団はパチンコと同様、組織維持のため絶対必要な取り締まり対象なのだ。生かさず殺さずかわいがっていれば、警察の飯のタネになり続けてくれる。

ヤクザ映画や任侠小説に懐かしさや面白さを感じているファンとしては、まだまだ安心してよさそうだが、物語の世界と現実とは別である。マフィアを禁圧しても「ゴッドファーザー」など、マフィア物は歴と存在し、人々に娯楽と慰謝を提供している。暴力団を非合法化しても、「アウトロー物の物語性は永遠です」といえるかもしれない。

「のりピー事件」の裏にヤクザの覚醒剤支配

ヤクザに巨利をもたらすクスリ

ＭＤＭＡを服用していた押尾学容疑者、覚醒剤を常用していたのりピーこと酒井法子容疑者など、相次ぐ有名人の逮捕で芸能界やテレビのワイドショーは大騒ぎだが、違法な薬物の輸入と密売を牛耳っているのは主として日本の暴力団らしい。

首都圏を中心に長らく覚醒剤など薬物の捜査に当たっている第一線の捜査官Ｚ氏もこう認める。

「覚醒剤を輸入し、各地の組織に卸している主力は東京、横浜など、関東の広域暴力団系組織です。彼らが薬物を仕切り、全国に流している。以前は九州系組織が仕切って、西高東低型でしたが、今や東高西低型の流通になってます」

しかし山口組をはじめ広域団体はおおよそ傘下の組員が覚醒剤や麻薬に手を染めることを禁止しているはずである。にもかかわらず、なぜ大暴力団系の組織が薬物に触っているのか。

山口組・髙山清司若頭のお膝元・名古屋を例にとろう。

「弘道会の『薬物に触るな』指令は徹底している。弘道会現役の若い衆には、シャブに触っている者はもちろん、常用している者もおらんはずです」

と、中立系組織の幹部X氏も認めるが、それでもヤクザの資金獲得活動の難しさが薬物に走らせていると指摘する。

「今はどの組もシノギがない。カネに詰まっている。そういう中でわれわれも生きていかなーならん。唯一シノギになるのがクスリですわ。ただクスリいうのは全くの素人がやれるシノギとちがう。それで使用経験があったり、過去にシャブをシノギにしていた組員、元組員を探し出す。ある組を覚醒剤で破門になったけど、それ以外はしっかりしてるような若い者を拾って、シャブ商売をやらせるわけです。クスリだけは裏のつながりがないとできん商売だからです」

いうまでもなく覚醒剤や麻薬などの薬物は法で厳禁され、製造、販売、使用いっさいができない。そのため違法を承知のうえ手を出せば、排他独占的なおいしい商売になる。だからシャブ商売は不景気の今でもシノギとして安定しているのだろう。ちょうど禁酒法時代のアメリカで密造酒を扱ったアル・カポネなどマフィアが巨大化したのと同じことである。皮肉なことに国家による禁止がヤクザに巨利をもたらす仕掛けである。

誰でもどこでも手に入る

名古屋では今（〇九年）、一パケ（ビニールの小袋、覚醒剤が約〇・三グラム入っている）一万〜二万円という。

「一パケ一万円という値段はいつの時代でも標準です。ただ品薄になったり、仕入れ価格が上がれば、中身が〇・一グラムになったり、覚醒剤の原料になるジメチル・アンフェタミンそのものを覚醒剤がわりに売る。昔とちがって化学調味料や塩を増量剤として入れるってことはありません。ジメチル・アンフェタミンは注射で体に入れると、ぞっと冷気を感じる覚醒剤とは逆に、ガーンと熱くなる。それで関西では爆弾、

九州では花火といわれてます」(先の捜査官Z氏)
末端のバイ人たちが扱っている薬物にはどんな種類があるのか。
「覚醒剤はもちろんのこと、何でも売っている。大麻や大麻樹脂(チョコ)、コカイン、LSD、MDMA(エクスタシー)、ヘロイン、何でもありと思っていい。名古屋だったらテレビ塔の周りにイラン人がいるから、彼らに声を掛ければ簡単に手に入る。のりピーが覚醒剤をどこから手に入れたか、ほとんど誰も問題にしないのは、手に入れようと思えば、誰でもどこでも手に入るからだ。それほど広まっている」(先の中立系幹部X氏)
警察庁の数字だが、〇八年覚醒剤事犯の検挙人数は一万一〇二五人。検挙件数はここ数年減少傾向だが、だからといって覚醒剤の販売量や需要が減ったのではない。現に関東信越厚生局麻薬取締部の調査総務課では、
「密売手口の多様化・巧妙化もあり、検挙人数は減少しているが、需要減とはいえない。むしろ水面下での市民への急速な広がりが懸念される」としている。
先に登場願った捜査官Z氏も覚醒剤の乱用は減ってないと断言する。
「検挙件数の減は販売手口の多様化、巧妙化のほか、取り締まり側の事情ですけど、

捜査員不足、検挙するための情報を集める力の衰えってことがある。それになにより今は入手しやすい環境がある。覚醒剤商売に手を染める暴力団はもちろん、外国人も六本木などにあふれている。それにインターネットで情報は入ってくるし、ネット利用で買うことだってできる。薬物に対する警戒感や罪悪感も薄れています。

とりわけ芸能界に覚醒剤が蔓延しているとは思わないけど、大麻に関してはまさに若者の間に蔓延している。原因は大麻は覚醒剤とちがってさほど習慣性も害も少ないというまちがった認識が広まっていること。それとネットで大麻の種が簡単に手に入ること。大麻の幻覚成分はＴＨＣという化学物質ですが、品種改良によりこのＴＨＣが高濃度で含まれる品種が売り出されている。改良種の種は数粒で一万円、一粒で一万円という値ですけど、これが栽培法と合わせ、インターネットで簡単にゲットできる。素人でも栽培、収穫できるわけで、こういったことが大麻の乱用に拍車を掛けてます」

原産地と流通ルート

覚醒剤の原産地はどこなのか。ひと頃は北朝鮮製が盛んに流入していたが、拉致問題以降、日本海の沿岸警備が厳しく、沖合で北朝鮮の船から日本の船に積み替える「瀬取り」が難しくなったとの指摘もある。名古屋で囁かれているのは意外なことにフィリピン製である。

「覚醒剤の原料はエフェドリンや。風邪薬の原料になる。要するにエフェドリンさえ手に入れれば、後は化学反応だけなんやから、製造地はどこでもええ。製造工程で出る臭いを警戒せんでええなら、十分フィリピンで製造できるわけや。フィリピンと日本の間は漁船や貨物船が何隻も行き交っている。ふつうの船に積み込んで日本の港でこっそり陸揚げすれば、ナンボでも密輸できる。誰も気にしとらんフィリピンがミソなわけや」(元覚醒剤常用者のQ氏)

関西では相変わらず北朝鮮製が中国経由で運ばれているという向きが多い。

「今は日本海の警戒がきついから、覚醒剤を水で溶かし、その解かした溶液を何本ものペットボトルに詰める。それを大きく一束ねにして上に電波発信機を取り付け、夜間、洋上で潮の流れに乗せるわけや。日本側は受信機でボトルの位置をつかみ、船に引き上げる。こういう作業は衛星で見張っていたって分かるものやない。ボトルの溶液は日本の陸地に運び込んでから洗濯機で攪拌《かくはん》すると、固形化する。この作業過程で臭いなんか出るもんやないから、都会のマンションでだってできる。密輸の大半はこの液化方式だっていうぞ」（関西の中堅組長）

専門の捜査官はフィリピン説に初耳だと小首を傾《かし》げるが、フィリピン製や液化方式の真偽は不明である。

密造地での出荷価格はグラム当たり二〇〇～数百円。キログラム当たりだと二〇万円から数十万円になり、最少取引単位は数十キロから一〇〇キロぐらいだろうと推測されている。これが日本に入ると、一〇〇グラムぐらいを取り引きする中堅バイ人の場合、取引価格はグラム当たり三〇〇〇円から一万五〇〇〇円ぐらいとされる。その時々の需給状況で大きく値動きするわけだ。

通常、覚醒剤一回の使用量は〇・〇三グラムとされる。一パケ〇・三グラムでは約一〇回使える計算になるが、実際は覚醒剤の初心者で三～四回分、覚醒剤になれた常用者なら二回で消費される量という。だが、それにしても原産地の出荷価格と比べ、消費地での末端価格はおよそ一五〇倍にもなっている。覚醒剤がおいしいシノギになる理由はこうした値ざやの大きさによる。

バイ人の背後にいる暴力団

東京ではあまりイラン人バイ人の姿を見掛けなくなったが、名古屋では相変わらず末端バイ人として暗躍しているという。

「イラン人のバイ人は携帯電話で商売している。携帯電話の番号に客がついている。客から携帯に連絡が入ると、バイ人が客の近くに行ってブツを渡し、カネを受け取るわけだ。覚醒剤商売をしていたイラン人がなんらかの事情で帰国したりするとき、仲間にこの携帯電話を売って帰る。客付きのいい携帯の場合、その携帯は最高二〇〇〇万円もするが、その二〇〇〇万円はおおよそその携帯の月の売上高とみていい。

彼らの中には社長がいて、客がついた携帯を何台か手元に置き、客から買いたいという電話が入る度、客の近くに待機している手下に指示、ブツを届けさせるといった

商売をしているが、彼ら単独ではなく、背後には必ず日本の暴力団が供給役を果たしています」（捜査官Z氏）

日本の暴力団が覚醒剤業界を牛耳っていることは間違いないが、彼らはなぜホンネとタテマエを使い分けているのか。山口組系組織に古くから所属する古参の三次団体組長が言う。

「三代目組長だった田岡さんが覚醒剤や麻薬を嫌いやったから、そら、山口組の上の方は本気で薬物反対やったわけだ。しかしそうはいうても、あの頃も下の方で覚醒剤触ってる組はいくつもありましたで。

今も基本は同じですわ。子分が親分のところに『今度、ちょっと儲かりましたんや。喜んでくんなはれ』とカネを差し出しまっしゃろ。親分はこのカネはどういう商売で儲けたんやと聞きますか。聞きません。にっこり笑って、『おお、よう稼いだ。かわいい奴ちゃ』と懐に直すだけですわ。カネに色がついてるわけやなし、何で稼ごうとカネはカネですわ。

だから大阪の西成なんか、山口組の幹部クラスの組三つがシャブのシノギ、三分割で支配してますわ。シャブ極道で名を売った元中堅幹部を破門で追い出した後、その

子分を拾って、シャブ商売で日銭ジャブジャブ、そら、表と裏はちがいますわ。また
そうでもしないと豊かな生活できまっかいな」
のりピー事件の裏にヤクザの「覚醒剤支配あり」を忘れてはなるまい。

瀧澤孝・山口組顧問を始め「直系組長続々引退」の裏事情

「功労者」突然引退の理由

山口組では瀧澤孝顧問が突然引退し、率いていた芳菱会は解散、芳菱会若頭だった富田丈夫國領屋一家総長が直系組長に上がった。芳菱会という組織名は継承されず、以後は國領屋一家が組の名乗りになる。

瀧澤孝元芳菱会総長は昭和一二年生まれの七二歳。九七年に起きた宅見勝若頭射殺事件の直後に大阪入りした際、ボディガード役の組員が拳銃所持に問われた。やや遅れて瀧澤総長自身が拳銃所持の共謀共同正犯容疑で指名手配され、一、二審では無罪になったが、最高裁は〇九年九月一八日、異例にも口頭弁論を開いた。

瀧澤元総長は渡辺芳則五代目組長が誕生すると同時に若頭補佐に任じられ、芳菱会の名も渡辺組長が名づけている。司忍六代目組長の体制がスタートすると舎弟になり、舎弟のまま変則だが、筆頭の若頭補佐として執行部に留まった。

〇八年一〇月、山口組が後藤忠政元組長の除籍など、直系組長の処分を決めた後、一一月、瀧澤元総長は若頭補佐を退任し、顧問に就いた。

いわば山口組の功労者の一人である瀧澤元総長はなぜ引退し、芳菱会の名を次代に継承できなかったのか。

山口組の事情に通じる事業家が解説する。

「拳銃所持の共謀共同正犯ということでは故・桑田兼吉山健組組長も司忍六代目組長も有罪を宣せられ、現に服役している。瀧澤さんだけが無罪となっては裁判の整合性がとれない。今回、最高裁が口頭弁論を開いたというのも、瀧澤さんの有罪を臭わせてます（〇九年一〇月、最高裁は一、二審の無罪判決を破棄、大阪地裁に差し戻した。地裁の差し戻し公判では一一年二月二三日、検察側が懲役七年を求刑。判決は同年五月に予定）。

もちろん瀧澤さんも弁護士を通して最高裁の意向は察知していた。それで自分がヤクザをやめて堅気になれば、最高裁も多少は刑について配慮してくれるのではないかと考えた。七二歳という高齢です。今さら刑務所に入りたくないという気持ちはよく分かります。山口組は八月になると休みになる。それで瀧澤さんは早い時期、引退したいと執行部に申し出た。

ここまでは事実です。以下は執行部周辺で流れている噂だから、真偽は定かでありません。

あえてお伝えすると、瀧澤さんの申し出を受けた執行部は『自発的に引退することは認められない。あんたに対しては処分する』と言ったというんです。瀧澤さんは引き下がり、地元に帰って独断で最寄りの警察署に出向き、自分の引退と芳菱会の解散届を出してしまった。これで執行部としては引退を認めざるを得なくなったが、そのかわり芳菱会の名は消滅させ、引退する直参に支払う一億円近くの功労金も、全額を払わない、いや、半額だけ払うといった二説が流れてます」

こうした話が事実なら、ヤクザの世界も表世界に劣らず、厳しいものがある。主流派に楯突けば否応なく馘首なのだ。

「後藤組問題」との関係

なぜ山口組執行部は瀧澤元総長に対し、自発的な引退を認めず、処分を口にしたのか。

前出の事業家が語る。

「有力な背景として後藤組問題がある。ご存じの通り後藤忠政・元後藤組組長は〇八年九月、診断書を出して山口組の定例会を欠席した上、静岡県富士宮市で一四一人を集める大ゴルフコンペを開いた。これが執行部で問題になり、後藤さんへの処分がほぼ確定した段階で、この処分に反対する直系組長一三人が連記する「連判状」が各方面に流れたりした。

当初、執行部は後藤組長を除籍、後藤組の組員は東海ブロック長の芳菱会・瀧澤孝総長が預かるという案を出した。これを知った後藤組は組員を富士宮にある後藤組本部に集め、『芳菱会の預かりになるくらいなら、後藤組は一本で行く。山口組の処分は関係ないし、引き続き後藤組は後藤組長が率いる』と二日間、籠城する騒ぎを起こした。

結局、後藤組の組員は芳菱会預けにはせず、それまで若頭だった良知政志・良知組組長と本部長だった塚本修正・藤友会会長の二人を直接、直系組長に引き上げることで修復を図ったが、こうした一連の経過の中で、瀧澤さんの不手際が指摘された。中には一三直系組長の連判状騒ぎ自体を瀧澤さんのせいにする見方もあったほどで、だからこそ一応、後藤組事件の処分が終わった後、瀧澤さんは中二階の顧問へと祀り上げられた。今回の瀧澤引退は後藤組事件をめぐる最終処分でもあるわけです」

こうした見方が真相に近いのなら、髙山清司若頭の手腕たるや超絶的に巧妙である。「狡兎《こうと》死して走狗《そうく》煮らる」（逃げ足の速いウサギが死に絶えると、ウサギを追った犬はもう必要ないとして煮て食われてしまう）という言葉があるが、芳菱会はその「芳」の字に明らかなように五代目渡辺芳則組長の臭いが漂う名である。芳菱会、もしくは瀧澤元総長を使って五代目体制やアンチ勢力が一掃されれば、もはや用済みということかもしれない。

後藤組長のゴルフ事件が起きると、後藤組長を除籍して引退に追い込み、二人の若手を直参に引き上げて後藤組長が抱える勢力を削ぎ、若手に活躍の場を与えてやる気を出させる。きびすを接して後藤組長に同調する一三人連判状事件が起きると、二人を絶縁、五人を除籍、三人を謹慎、残る三人を訓戒処分に付し、代わりに若手を抜擢する。〇八年一一月の定例会では前述した後藤組の二人の他、除籍となった川﨑昌彦会長の二代目一心会からは若頭だった能塚恵・三代目一心会会長を、同じく除籍となった浅川睦男総長の二代目浅川会からは舎弟頭だった一ノ宮敏彰・一道会会長を、同じく除籍となった太田守正会長の太田興業からは若頭だった秋良東力・秋良連合会会長を、それぞれ直系組長に引き上げている。

こうした人事が髙山若頭と同年齢で、ともすれば髙山若頭に反感を持ち、五代目時代を懐かしむ古参組長の追放と組織の若返りを兼ねていると周囲が見るのはしかたないことであろう。

〇九年二月には、連判状に名を連ねながら、いったんは戒告ですました盛力会・盛力健児会長を改めて除籍処分にし、盛力会若頭だった飯田倫功倭和会会長を直系組長に引き上げた。そして八月には芳菱会瀧澤孝総長の引退、富田丈夫國領屋一家総長の直参昇格へと続く。

「引退」と「処分」の違い

新旧交代は組織の新陳代謝を図る方策であると同時に、山口組から離した元直参がたとえ執行部を怨みに思っても、事前にその部下と兵力を削ぐ方策でもある。しかもAを追放するためにBを使い、Aの追放に成功した場合には、功績あるBを追放するためにCを使い、Bの追放に成功した暁にはまたCを追放する。こうすることでAとBとCが協調して執行部反対に立つ動きを各個撃破していく。A、B、Cの連帯が一三人連判状事件だったとするなら、髙山若頭は順を追って一三人を各個撃破し、ついにそうした勢力の完全一掃に成功したというべきだろう。

もちろん新旧組長の交代は全部が全部、政略的なものではない。中には健康を害したり、死んだり、破産したり、収監・服役したり、他の分野に専念したがったり、組内がもめたり、経済的に詰まったりといった理由で自身の引退、後進への代目譲渡を決断する直系組長も少なくない。このほど病気療養を名目に引退した江口亨・三代目石井一家総長（六八）と、同一家の若頭から直系組長に取り立てられた生野靖道・四代目石井一家総長などは通常の人事交代と見るべきだろう。新旧交代は山口組に限らない。六代目合田一家でも温井完治総長が引退、末広誠若頭が跡目を継ぐことに決まり、七代目酒梅組でも金山耕三朗組長が引退を表明している。両組織とも髙山若頭が後見しているが、髙山若頭は六一歳である。後見という立場からいえば、後見人より後見される側が年下の方がやりやすく、より両組織の関係が円滑になりそうである。つまり髙山若頭の後見システムが広がった以上、他の指定団体のトップも髙山若頭の年齢に準ずることが要件となりつつあるのかもしれない。四〇代、五〇代が中心となって牽引役を果たす例は海外の政界や経済界でも目につき、日本でも四〇代、五〇代が各分野のトップになりつつある。若返りはヤクザ世界に限ったことではない。

「代紋入り名刺」の使用禁止

ところで山口組では、このほど組長が使用者責任を問われることを事前に避ける意味から、山菱の代紋入り名刺の使用を禁止した。

直系組の幹部が解説する。

「各直系組では今、代紋入り名刺の回収を進めてます。ブロックごとに集めて廃棄する。これまでは山菱の代紋にたとえば山田組なら山田と入れ、その下に六代目山口組と記して、山田組とそこでの肩書、誰野何兵衛などと続けたわけです。これからは代紋なしでも『六代目山口組』と記してはいけない。代紋なしで単に『山田組』と記すだけならいい。

要するに使用者責任を問われるにしろ、山田組なら山田組の組長が責任を問われるようにする。山口組の組長に累を及ぼすなという命令です。各直系組傘下の組員が山口組を名乗ってはいけない。山口組系だと分かるような名刺も使ってはいけないんです」

表面的には山口組本家が背後に隠れるわけである。名刺を渡した組員が山口組系の者だろうということは、単に周りの口コミだけで暗示される。山口組のアングラ化であり、これはこれで不気味なことだが、果たしてそれだけのことで司忍組長の使用者責任は免れるのかという疑問が早くも出ている。

直系組に属する企業舎弟が指摘する。

「というのは、山口組には株式会社山輝など本部の土地を所有・管理する関連会社がある。各直系組長は直参に抜擢されたとき、こうした会社の株を買わされているが、いくら名刺で山口組であることを隠しても、関連会社の登記や土地の登記簿を見れば、山口組系だってことは一目瞭然分かってしまう。

おまけに毎年出る『警察白書』の「指定暴力団の指定の状況」で六代目山口組を見れば、「代表する者」篠田建市（司忍組長の本名）とはっきり出ている。民法上の使用者責任が当代（司忍組長）にあることは、ちょっと争えそうな問題じゃない。

今回の名刺通達は執行部が弁護士や公認会計士の智恵を借りて出したのだろうが、この辺りのことをどう処理するのか。

九二年に暴力団対策法が施行されたとき、山口組では各直系組を株式会社にするよう通達があったが、後で警察から取締役会議事録の虚偽記載などで摘発された。要するに組織防衛、偽装のつもりで、かえって墓穴を掘った。結局は同じ轍《てつ》を踏むことになるんじゃないか。部外者の思いつきや浅知恵を信じると、ろくなことにはならない」

さらに山口組本家、山口組本部の名を隠すということは何を意味するのかといった根本的な疑問も出ている。

「つまり山口組は執行部だけがメンバーの持ち株会社になるのかってことです。『山口組ホールディングス』になって、各直系組は配当だけ運べって意味か。こういうことが世間で通用するとは思いにくい。

そうならいっそ山口組本部そのものがある日忽然と姿を消し、執行部のメンバーも分散、それぞれ地下にもぐって携帯電話やメールで直系組に指示を出すって方が分かりやすい。これなら完全なる山口組のアングラ化、マフィア化で、警察も本部に王手をかけることはできない。カネを稼ぐ実働部隊は表や裏を取り混ぜて系列組織が担うってわけです」（前出の企業舎弟）

山口組は一方で執行部に批判的な古参組長を放逐し、当代に忠誠を誓う若手だけを集めて一枚岩の組織に変身しようとしている。他方、直系組に対しては山口組本部、山口組本家とのつながりを断ち、独立自営組織であることを装わせようとしている。

こうした路線が成功するかどうかはまだ明らかではないが、スローガンの一つである「伝統回帰」とは逆に、対警察関係の変化に応じた新しい生き残り策に突き進んでいることはまちがいないようだ。

弘道会が大阪府警に売ったケンカ

大阪府警の手痛い一敗

〇九年一一月一三日、大阪地裁民事部で大阪府警が負け、弘道会が勝ちという判決が出た（詳細は後出）。警察にとっては手痛い一敗である。

そうでなくても警察庁は弘道会を暴力団中の主要ターゲットとしている。同年九月二九日、警察庁の安藤隆春長官は都道府県警の担当幹部に対し、弘道会は警察官の個人情報を集めたり、警察が行う家宅捜索や取り調べに組織的に抵抗したりするなど、警察への敵対活動を強めている、弘道会の活動実態を解明し、同会のシノギなどを徹底的に取り締まれと指示した。

警察庁によると、弘道会は警察官の氏名や年齢、住所、所有する車のナンバーなど個人情報を組織的に収集して、取り調べに当たる警察官を恫喝し、捜査の進展を妨げたり、取り調べに対し完全黙秘を通したり、家宅捜索では出入り口を封鎖して捜査員の入室を妨害したりするなど、取り調べへの抵抗を繰り返している。

新聞報道によると、弘道会の秘密主義や警察の内部情報の収集にかけるエネルギーは凄《すさ》まじく、同会は暴力団というよりむしろ過激派に近いという。厳しい内部統制で山口組全体のマフィア化を牽引する中核組織であり、山口組の実態が水面下深く沈む前に摘発を進め、実像を把握しなければならないとベテラン捜査官は語っている。

一三日に判決が出た裁判は、こうした弘道会の対警察戦術を忠実に実践したものといえる。訴えたの（原告）は山口組系弘道会の稲葉地一家内高村会・K若頭補佐、訴えられたの（被告）は大阪府知事と大阪府警捜査四課の担当取調官O、Mの二人である。以下、原告、被告双方の訴状や準備書面をもとに事件のおおよそを述べる。

凄惨なリンチ事件

発端となる事件は〇五年八月一一日午前五時五五分ごろに起きた。同じ山口組に属する山健組系健竜会内鬼竜会の元組員Mが強盗の目的で、弘道会稲葉地一家高村会（今回の裁判の原告であるK若頭補佐が所属している）が用心棒をしている名古屋市・栄のゲーム喫茶「S」に押し入って金品を強奪した上、店員らに刃物で切り付けるなど暴行を加え、傷害を負わせた。

同じ日、元組員Mは名古屋市中区にある山健組系生島組内永島組が経営するゲーム賭博場にも押し入り、店員に暴行を加え、傷害を負わせた。

こうした元組員Mによる暴行傷害を知った弘道会系組員と永島組員らは縄張り荒しの元組員Mに報復制裁を行う目的で、同年八月一九日、元組員Mを大阪市中央区にある喫茶店に呼び出して永島組本部長Gらが制裁を加え、Mに頸部挫傷、脳挫傷などの傷害を負わせて拉致し、Mを名古屋市東区のT病院に運び込み、偽名で入院させた。

こうした逮捕監禁致傷などで、原告K若頭補佐が所属する弘道会系組員や、永島組本部長Gが加入する山健組系永島組組員ら多数の関係者が逮捕され、うち一一名が起訴されたという。

原告Kらはゲーム喫茶「S」への強盗事件で激昂していたところ、八月一九日午前八時ころ、山健組系永島組本部長Gから元組員MをT病院に搬送し、入院治療中であるとの連絡を受けた。KらはMへの制裁がまだ十分でないと判断したものか、MをT病院から連れ出して制裁を加えることを企て、同日午前一〇時ころ、Mの治療を担当していた同病院のT医師に対して「Mは知り合いの病院に転院させ、脳外科の専門医の診察を受けさせる」等、うそを言い、同日午後一時一〇分ころ、T病院からMを連れ出し、生命身体に加害を加える目的でMを誘拐したという。

府警からの準備書面はこうした記述の後、次のように推定している。

「Mは生命に危険を及ぼす容体であったが、その後の捜査結果からも他の医療機関での受診事実がなく、未だ所在不明の状況であり、関係者の話ではすでに殺害されているといわれている」

いくら自分の縄張り内で強盗傷害を働いたとはいえ、その人間をめちゃめちゃにリンチして病院に運び込んだ上、リンチがぬるいとばかり、病院から再び拉致して殺したと推測されているなど、一連の経緯が事実とすれば、弘道会の見せしめは徹底して、恐ろしいばかりである。大阪府警がこうした事件の概要を摑んで奮い立ったとしても多少は理解できよう。

取り調べ中の暴行傷害

以上はもっぱら大阪府警の言い分だが、弘道会系のK若頭補佐による訴状が述べる経緯はこれとは別である。

事件が発生してから一年三ヵ月後の〇六年一一月二九日午後二時過ぎ、Kが豊田市の自宅にいたところ、大阪府警の警察官数名が訪ねてきて家宅捜索した。Kにすれば「身に覚えのない」生命身体加害誘拐という罪名で三時ころ任意同行を求められ、大阪府警曾根崎署に連行された。同日夜、府警は前記の罪名容疑でKを逮捕し、大阪府警本部の留置場に留置した。

翌三〇日Kは大阪府警本部の取調室で警察官から取り調べを受け、同年一二月一日、大阪地方検察庁に送検され、生命身体加害誘拐罪で大阪地裁の裁判官が出した勾留状を執行され、同日から大阪府警西警察署の留置場に勾留された。

原告Kは同年一二月二日の午前中、西警察署の取調室で警察官である被告Mと被告Oから同罪名で取り調べを受けた。「なめとるのか」「コラ、ボケ」とか怒声を浴びせられたが、Kとしては全く身に覚えのない犯罪だったため、憲法上の権利行使として黙秘していた。

原告Kは同日午後一時三〇分ころから前出の取調室で被告M、Oから取り調べを受け、前同様、身に覚えのない犯罪だったため、黙秘していたところ、被告M、Oから「何かしゃべらんか」「何とか言ってみろ」とか怒声を浴びたが、依然として黙秘していた。と、被告Mから「何もしゃべらないならば、壁の方を向いて立っとれ」など理不尽なことを言われた。

警察官の要求には従わざるを得ず、言われたとおり壁を向いて立っていたが、三〇分ぐらいすると足が痛くなったため、警察官に分からないよう軽く足踏みをしたところ、被告Oから「何を動いとるんじゃ。大阪府警をなめるな」と怒声を浴びせられざま、いきなり左足膝下の側面部を七、八回足蹴《あしげ》にされた。

あまりの痛さに耐えかねた上、警察官たる者が弱い立場の被疑者に理不尽な暴行を加えるのか、と思い、暴行を止めさせようとして「何をするんですか」と言った。が、警察官は冷静になるどころか、かえって逆上し、「うるさいんじゃ。大阪府警をなめるな」と怒声を発しながら顔面を殴打した。

これで原告Kはよろめいた。と、被告OはKの右鎖骨付近を摑みながら、後方に引き倒し、倒れた原告Kの頸部を両手で締め付け、次いで被告Oの膝上に腰部を乗せ、さば折り状態にするなどの暴行を加えた。

取り調べの警察官である被告Mは被告Oの暴行を止めようとせず、単に見ていただけだから被告Oと同様、原告Kに暴行を加えたいとの意思が明確であると認められるとKは述べる。

原告Kはその日の取り調べが終わって午後九時ごろ同署の留置場に帰って自分の体を調べると、被告Oの暴行によって両膝に五センチ四方の内出血を伴う挫傷を負っていたほか、首を締められたことによる頸部の内出血二ヵ所、また腰痛が発生していた。それで留置場の担当警察官に医師の診察と治療を希望したが、四日の月曜日に医者に連れて行くとの回答があった。

ところが次の三日、日曜、午前一一時ころ愛知県弁護士会所属のS弁護士が訪ねてき、その接見を受けた。Kは自分の弁護人としてS弁護士を選任し、被告二人から受けた被害状況を説明、救助してくれるよう頼んだ。

S弁護人は直ちに西署と府警本部刑事部の各当直長だった警察官に、医師による診察、治療を要求し、被告二名を暴行傷害で刑事告訴するからと、告訴の受理と証拠の保全を要求した。警察は診察と治療にはすぐ応じたが、告訴の受理は受け付けず、単に証拠保全として受傷部位の写真撮影をした。

原告Kは勾留満期当日の一二月二〇日に釈放されたが、以前に患ったことのある腰痛が発症し、翌〇七年七月九日まで計一五八回愛知県下のクリニックで診察と治療を受け、計五万八〇五〇円を支出した。

また原告Kの受けた精神的な損害額は一〇〇万円は下らない。訴訟を起こすため弁護士に五〇万円の支払いを約束している――などから金一五五万八〇五〇円を支払えという損害賠償請求訴訟に踏み切ったわけである。

もちろん大阪府警側の準備書面などには、原告Kに暴行などしていないと真っ向から否定している。だが、大阪地裁の受け入れるところにならず、判決は前記したとおり被告の警察官二人と大阪府は三〇万円を支払えと、大阪府側の負けを宣したわけである。

際立つ弘道会の連係プレー

一連の経過を見ると、明らかに大阪府警の作戦負けである。せっかく逮捕した弘道会系のK若頭補佐に乱暴を働いたがため、Kに訴えると凄まれ、騒がれて、ついに起訴もできず、むざむざ釈放するハメになったのだろう。

おまけに弘道会は日曜にもかかわらずS弁護士をKのもとに派遣し、大阪府警に強硬な要求を突きつけるなど、Kへの取り調べをガチャガチャに攪乱した。弘道会の連係プレーは水際立っていると言いたくなるほど巧妙、かつ効果的だった。

これでは大阪府警が弘道会のため一敗地にまみれたのは当然だろう。府警は弘道会がどういうものか理解せず、頭を使わず、相変わらず暴力路線をひた走って、事たれりとした。

以前から大阪府警の暴力的な取り調べは山口組系などの組員に広く知れ渡っていた。取り調べの厳しさに耐えかねて舌を噛み切って自殺しようとした組員がいたほどだ。こうした暴力取り締まりがこれまで一定の成果をあげてきたことは事実である。

たとえば大阪在住の山口組系組員Xは、東京で警視庁に逮捕され、取り調べられた経験を持つが、その感想はこうである。

「警視庁のやり方は紳士的というか、まるで暴力なんか振るわない。正直、わしに言わせれば生ぬるいわな。あんな調べ、いくらやったところで吐く奴はおらへん。やっぱ大阪府警みたいにがんがんやらんことには取り調べにならんわ」

だが、こうした大阪方式が通用しない時代に入った。拷問じみた暴力でむりやり自白させるのではなく、証拠を積み上げ、証拠や証人を集めてじわじわ責め立てないかぎり、組員は陥落しない。あるいは「あんたが上の者の関与を証言すれば、あんたの罪は問わない」など、司法取引が必要になった時代ともいえるかもしれない。

弘道会系の幹部は今回の訴訟と判決について次のような感想を洩らしている。

「弘道会では、取り調べで警官にヤキを入れられたら訴えろ、と前から指導している。こういう強行策が採れるのは、弘道会が警察と取り引きするようなマネをふだんからやっていないからだ。だから関西のヤクザのように取り調べで妥協せず、取り引きせずにすむ。

ほんとは今回のように民事ではなく、刑事の特別公務員暴行陵虐《りょうぎゃく》罪で訴えたいところだ。だが、警察や検察はみすみす自分らが責められることになるから、特別公務員暴行陵虐罪を簡単には受理しない。民事の損害賠償請求で裁判をやるのは苦肉の策だ。ヤキを入れられたら、刑事でも民事でもとにかく裁判に訴え、警察に逆ねじを食わせろという指導は今後全国の山口組系組織に行き渡っていくと思う」

特別公務員暴行陵虐罪とは何か。刑法一九五条には次のようにある。

「裁判、検察若しくは警察の職務を行う者又はこれらの職務を補助する者が、その職務を行うに当たり、被告人、被疑者その他の者に対して暴行又は陵辱若しくは加虐の行為をしたときは、七年以下の懲役又は禁錮に処する」

警察が弘道会情報を集められず、まして取り調べで貸し借りの取引や暴力さえ使えないとなったら、警察は弘道会に対して何も武器を持っていないことになる。警察の優位点が何もない以上、弘道会を目の仇にしたところで、弘道会にコケにされるのがせいぜいだろう。となれば、次に来るのは暴力団は違法の存在だ、組をやっていること自体が犯罪だという全面的な暴力団否定しかないにちがいない。

住吉会・小林会幹部射殺事件「ヒットマン」の正体

現場付近に潜伏した犯人

〇七年二月、東京・西麻布の路上で住吉会系小林会の杉浦良一幹部（当時四三）が、バイクに乗った二人組に射殺される事件が起きた。長らく犯人は不明だったが、〇九年一二月三日、警視庁組織犯罪対策四課はこの射殺事件にからみ、殺人と銃刀法違反容疑で山口組五代目國粋会系生井一家大橋組の岩佐茂雄容疑者（四九、港区麻布十番）と、同じく國粋会系吉田川一家の宮下貴行容疑者（三二、富士河口湖町）を逮捕した。

発生当時から事件を追ってきた警視庁詰めの記者が語る。

「当初から事件の背後で糸を引いたのは山口組、その中でも弘道会系か、それとも國粋会系かと見られていた。だが、実行犯となると、中国人犯行説が根強く流れていた。四課の刑事でさえ『犯人は杉浦幹部を殺してすぐ中国に高飛びしたはずだ。だから実行犯は永久に挙がらない。この事件は迷宮入りだ』って広言していたほどです。

今の捜査法は実行犯を逮捕しないかぎり、実行犯に殺しを発注した大もとの殺人指示者、殺人を企画、発意した者、要するに事件の首謀者を逮捕できない仕組みです。ふつう捜査は下の現場レベルから、その者が属する組織の上へと上がっていく。これを『突き上げ捜査』っていうんですが、その際、唯一捜査陣が武器とするのは、実行犯の『誰それに殺しを命令されました』という上の者の関与を証する自供です。

しかし実行犯が口を閉じているかぎり、たとえ有罪になり、長い懲役をつとめたところで、出所後は組でいい待遇が待っていると分かっている。自供したところで自分の罪が消えるわけでなし、一円も得になることがないんだから、自供するはずがない。よって組織の上に立つ者は安泰なんです」

もちろん実行犯を逮捕した組対四課は今後じりじり「突き上げ捜査」を進め、國粋会、ひいては弘道会や山口組の上部に手を伸ばそうと狙っている。だが、狙いはしても、それが実現するかどうかは別問題である。山口組側にすれば、実行犯が逮捕されたところで、絶対に彼らは上部の関与についてうたわない（自供しない）と自信を持っているはずだし、だいたい実行犯その者が逮捕されないと警察の捜査を甘く見ていた公算が強い。

東西の暴力団世界に詳しい都内の事業家が指摘する。

「小林会幹部射殺事件では発生直後に住吉会と山口組が和解してます。当時の山口組の言い分は『実行犯が誰かは我々も摑んでない。しかしどっちにしろ我々の側が仕出かしたことと思うから、この際、弔意を表し、お詫びしておく。もちろん我々の側で犯人が誰と分かったなら、その者を即刻、警察に出頭させる』というものだったと聞いてます。

しかし山口組は完全犯罪でいけると踏んでいたのか、こうした約束を守らず、実行犯を自首させなかった。今回、警察の捜査でようやく実行犯は國粹会系の組員と確定した。警察が逮捕しなければ、山口組は永久にダンマリを決め込むつもりだったんじゃないか。

まして犯人の一人は犯行現場である西麻布の地続きといっていい麻布十番で口にチャック、ちゃっかり住み続けていた。頭から自首する気はなかったと思います」

自首を勧めない上部組織

一昔前まで、組と組との抗争など、組のために相手側の人員を殺傷した者は最寄りの警察署に自首して出るのがふつうだった。自分の組はこれこの通り相手側を攻撃した、決して相手側のいいなりにはならなかったし、攻撃することで組のメンツも立てた。相手側に安目も売らなかった。

こうしたことの最終的な証明が実行犯の自首であり、かつ実行犯自身の男の売り出しでもあったわけだ。

ところが今、実行犯は自首しないし、組も実行犯である組員に自首することを勧めない。一つに暴力団の殺傷行為に対する刑が重く、殺人の場合には懲役二〇年以上、また、無期刑でさえ珍しくなくなった。自首は実行犯に一生刑務所の中で暮らせと強要するようなものだから、組の首脳部としても気の毒で、自首を勧められない事情があろう。

だがそれ以上に、敵側を殺傷すれば、殺傷した側がどこの誰と名乗らなくとも、敵側はどこにやられたか、おおよそ察しはつく。よってこちらを恐れたり、報復したり、和解を画策したり、なんらかの形で態度を改める。だから実行犯を自首させなくてもいい。警察が捜査の手を伸ばしてくるまで、知らんぷりした方が得である。

要するに「暗殺」方式が主流になりつつある。「暗殺」とは『広辞苑』によれば「ひそかにねらって人を殺すこと」とある。別の辞書には「(政治・思想などで対立する立場の)人をひそかにねらって殺すこと」ともあるが、ヤクザ、暴力団の場合には、事前に殺す意志を相手に示さないまま、特に警察に誰が殺ったと分からない形で殺しを実行し、殺害後も殺しについて語らず、認めず、否定し通す方式といえるかもしれない。

現に非山口組系ながら中堅組織の組長が自分の組でのやり口を例に挙げる。

「うちは専門に殺し要員を誰と決めている。一度殺しのヤマを踏んだ者は度胸も据わっているし、その場の判断も適切だ。もちろん殺しの現場に証拠や目撃証人を残すようなヘマはしない。

うちでは殺し要員を警察に差し出さない。徹底的に要員を守り抜き、組織で庇い続ける。平時にはたっぷり生活費やこづかいを渡し、ゆっくり遊んでもらっている。そのかわりまた殺しの必要が生じたら、殺し要員を起用し、殺しをやってもらう。ある意味、殺しも才能の一種だ。自首させるってことはせっかくの才能を一度しか使わないこと。もったいない。何度でも使い回して、その都度立派な業績を上げてもらう。確実にこういう時代が来たことを、まだ警察は認識してないんじゃないか」

山口組の弘道会化

そして、こうした暗殺路線の最先端を行くのが弘道会という定評がある。中京地区の捜査関係者が語る。

「弘道会は警察官を事務所に入れない、話をしない、情報を渡さない。三ない主義でやってますが、これは暴力団対策法が暴力団を敵視してるんだから、いわば当然の結果です。つまり警察が弘道会をアングラ化に追いやり、弘道会自体も今後の生き残り策はアングラ化しかないと考えている。両者相まってアングラ化が進んでいるわけだ。

アングラ化の前提は何かといえば調査能力に尽きる。弘道会は秘密の裏組織『十仁会』は過去のもの、今は存在しないと頭から否定しているが、名前はどうでもいい。弘道会の調査能力は今でも、あるいは今だからこそ、全暴力団中のピカイチです。他を圧倒している。

たとえ他の広域団体と抗争になっても、弘道会の方が的確に、素早く、手数多く、相手を叩く。これは日ごろの調査、索敵活動のたまものなんです。抗争になってからあわてて情報を集めたものではない。

まあ、山口組も今は他の団体と親戚づきあいが多く、親戚でないのは住吉会ぐらいのものだから、調査の主力は弘道会内部、山口組内部に向かってます。弘道会の歴史を見れば、内部の敵に対する排除がいかに苛烈か、徹底しているか、シチリアマフィアも裸足で逃げ出すレベルと分かる。しかも今こうした弘道会の作風が山口組全体の作風になろうとしている。だから怖いんです」

たまたま警察庁は『六代目山口組における少数精鋭化路線等組織管理の実態と今後の展望』と題する部外秘のレポートをまとめている。そこにも弘道会方式が山口組全体を律する方式になろうとしているという分析がある。

実際、小林会幹部射殺事件も実行犯こそ國粋会から出したものの、全体の絵を描いたのは弘道会と組対四課は見ている。実行犯が國粋会傘下の生井一家、吉田川一家から横断的に出されていることにも注目している。

「両一家を統率して動かせるのは誰か。事件当時、國粋会の理事長だった藤井英治・信州斉藤一家総長（事件後、五代目國粋会会長に就任）しかいないと組対四課は見てます。事件直後、警視庁は捜査員二三〇人を動員して台東区の國粋会本部や長野県諏訪市の信州斉藤一家にガサ入れを掛けてますが、当初の見込み通りだったと今、あらためて自信を深めているわけです。

おまけに諏訪は地理的に名古屋に近く、藤井会長は山口組の髙山清司若頭（名古屋の山口組系弘道会会長）と緊密に連絡を取り合う仲とされている。つまり國粋会の信州斉藤一家は半分以上弘道会と見ていい。一時は弘道会の幹部がいきなり國粋会会長の椅子に座ることが検討されたほどで、國粋会は弘道会直結なんです。一事が万事で、弘道会が山口組全体を弘道会の色に染めていることは想像以上です」（警視庁詰めの記者）

多様化する暗殺手段

では、山口組の主流派である弘道会が山口組全体を弘道会化していくとして、具体的にはどう変化するのか。

「今でも山口組は山菱の代紋を名刺に刷らせないとか、山口組隠しをしてますが、将来的には山口組本家だけを山口組と認めるはずです。つまり山口組の組長、執行部、直系組長だけを山口組の組員と認めて、直系組長たちが率いる二次団体以下の団体とそのメンバーを完全に隠す。山口組と関係ないとする。これに成功すれば、末端組員が何をしようと、司忍組長に対して使用者責任などを二度と問われることがないわけ」（大阪府警の捜査関係者）

山口組はピラミッド型に五次団体まで組織しているとされるが、二次〜五次団体までを水面下に沈める。一般社会が見るのは山口組本家という一次団体のみ、たかだか九〇人くらいのメンバーを擁する組織だけになるというのだ。

米マフィアと比較すると分かりやすいかもしれない。マフィアの各組織はファミリー、その首領はボスやドン、カポなどとされ、ボスの統括組織はコミッションと呼ばれる。

山口組本家はこのコミッションに相当し、直系組長たちが率いる組、あるいは山口組の今の親戚団体、後見する他団体などはファミリーになるのかもしれない。一般社会からファミリーはちらほら見え隠れする存在であり、コミッションはほとんど実態を隠している。だが、山口組は逆で、本家は姿をさらし、ファミリーは陰に隠れることになる。

こうした方式が通用するかどうかはこれからの問題だが、少なくとも山口組は今以上に不気味な存在になりそうである。しかも殺しの手法である「暗殺」も多様な形を採ると前出、中京地区の捜査関係者は推測している。

「殺しだからといって、拳銃を使うばかりではない。拳銃は発砲音が大きい上、銃身内側のライフリングのため発射された銃弾に旋条痕がつき、足がつきやすい。暗殺となれば、昔からの刃物の方が入手も簡単、費用も安く、音や声も出にくい。せいぜい返り血を浴びる危険があるくらいです。今後は明らかに殺しと分かるやり方を採る必要もない。自動車の轢《ひ》き逃げ事故を装ったり、転落死させたり、溺死させたり。ときには薬物やガスで殺すといった手法もあり得る。あるいは強盗強殺事件の外観を採るとか、何でもありの状態になる」

西麻布の小林会幹部射殺事件は図らずも山口組の今後の変貌を占う手づるを与えたのかもしれない。だが、山口組のアングラ化、マフィア化が一般社会に脅威増大をもたらすなら、何のための暴力団対策か、警察の取り締まり態勢に大いなる疑問を突きつけることになる。

「シノギの登録制」が生む貧富の格差

上下の極端な格差

山口組の主流中の主流というべき弘道会でも所得格差が広がっている。幹部層はカネに余裕があっても、末端組員はそうとう困窮しているらしい。

東京の土建会社の社長が体験談を語る。

「名古屋にポン友がいる。半年ほど前、そいつから電話があって、名古屋に出掛けて飯を食った。そしたら弘道会の幹部も合流してきて、帰りがけ、『俺の車を使ってくれ』と言い出した。『いや、タクシーで駅に出る』といったら、『俺は車三台で来ている。一台をあんたが、もう一台をあんたのポン友が、残る一台を俺が使う。それでいいじゃないか』と。

表に出たら道路に車が三台並んでいる。三台とも五〇〇万〜六〇〇万円はする高級車だ。この幹部はどこへ行くにも護衛のため三台で移動しているらしい。組の中でどんなに偉いのか知らないけど、贅沢なもんです。

しかたなくそのうちの一台に乗り、名古屋駅まで送ってもらった。降り際、運転してくれた若い衆に『どうせタクシー代を払うんだから』って一万円を押しつけた。最初は辞退したけど、受け取りましたよ。

三ヵ月後、また名古屋に行った。駅の構内を出たら、向こうから恰幅のいい若い男がこっちに向かって駆けてくる。何ごとかと思っていたら、私の前でぴたりと止まって、『先日はどうも有り難うございました』って頭を下げる。全然覚えがない。『失礼ですが……』と不審な顔をしたら、『あの……、駅までお送りした若い者です』と言い出した。

よほど一万円もらったのが嬉しかったらしい。なにしろ下っ端は財布に万札が一枚入ってても金持ち気分って聞いてます。ひきくらべ幹部は高級車が三台。上に厚く、下に薄い世界だと思った。若い奴はカタギの世界以上に大変です」

なぜ弘道会の直参と末端組員との間にはこれほど格差があるのか。シノギの登録制のせいと解説するのは弘道会系の幹部である。

「要するに土地とか工事の下請けとか、若い者が儲け話を摑んできたとする。だけどシノギに乗り出したとたん、兄貴や叔父貴にトンビに油揚げじゃ敵わない。そこでそのシノギの優先権を確保するため、組にというか組長にというか、登録料を払う。その額はシノギの規模によります。

弘道会本部がこの方式だから、しぜん傘下の組もこれにならっている。要するに登録制のおかげでトップは黙っていても、若い者のシノギのカスリをとれる。もちろん月の会費とは関係ない。別立てです。上の者は自分の手を汚さずに下からカネを吸い上げるわけで、ボスと下っ端では握るカネが天地の開きになる」

おそらく弘道会流の考え方はこうだろう。

〈若い者が儲け話を仕切れるのも弘道会という看板のおかげだ。物をいうのは自分の力じゃない、組織の力だ。だったらシノギの都度、若い者が組に看板料を払うのは当然だ。

弘道会の看板がなぜカネになるのかといえば、先輩組員が組のため抗争で長い懲役に行ってくれたからだ。それで弘道会の名前を高めた。だから懲役から帰った者は大

事にしなければならない。われわれが今、暖っかい飯を食えるのは長期服役者のおかげだ〉

弘道会がシノギの登録制を採る裏には長期服役者を大事にする組の伝統がある。登録料制度は組織化された上納金であり、その納付は組員の義務ともいえる。

「登録料」の相場

たまたま一〇年二月一二日付毎日新聞の名古屋版（夕刊）に次の記事が載った。弘道会情報に通じる地元業者によれば、記事はこうした弘道会の上納金制度を推測させるものという。

〈資金供与　愛知の産廃業者　暴力団系企業に二億七〇〇〇万円　下請け装う

愛知県尾張旭市の産業廃棄物処理会社「セントレス」が、山口組弘道会系暴力団の幹部が役員を務める名古屋市西区の土木会社に業務を下請けに出したように装って、資金を供与していたことが愛知県警の調べで分かった。供与額は〇五～〇八年で約二億七〇〇〇万円に上るといい、県警から通報を受けた県は〇九年一二月、セントレスなど二社の産廃処分業の許可を取り消した。

県廃棄物監視指導室と県警組織犯罪対策課によると、処分を受けたのはセントレスと、所在地と代表取締役が同じ産廃処理業者の二社。セントレスは〇五～〇八年、解体工事などを下請けに出したように装い、土木会社に約二億七〇〇〇万円を送金していた。土木会社からは〇六～〇七年、別の暴力団幹部二人に約五八〇〇万円が送金されており、県警は〇九年九月に県に通報した。

県の調査に対し、セントレス社長は同一一月、「(土木会社に)暴力団員の役員がいるとは知らなかった」と主張した。だが請負契約書がないなど不自然な点があったため、県は、土木会社側が仕事の口利きの見返りに不正な利益供与を受けた可能性が高いと判断。廃棄物処理法の「暴力団排除条項」に基づき、収集運搬などの許可を取り消した。業者側は処分を不服として、国に審査請求をしている。

毎日新聞の取材に業者側は「担当者が不在でコメントできない」としている〉

以上が記事の全文だが、地元業者によれば、文中の「弘道会系暴力団の幹部が役員を務める土木会社」のシノギが約二億七〇〇〇万円で、その土木会社から「別の暴力団幹部二人」に送金された約五八〇〇万円がシノギの「登録料」と推測されるという。

「記事ではこの情報は最初に県警が摑んだように書いているけど、もともとは税務署の調査が解体業者に入って、それで分かったらしい。税務署が県警に知らせ、県警が県に教えて産廃免許の取消処分になった。税務署の調査だから、カネの流れがここまでクリアになった。珍しい例です」（業者）

業者の推測が当たっているなら、率にしてシノギ総額の約二一・五パーセントが弘道会系組織への「登録料」になる。こうした登録料が高いか、安いか判断に迷うところだが、案外ありそうなパーセンテージという感じもある。シノギの二割上納は妥当な線かもしれない。

冷え込むフロント企業

「愛知県ではトヨタが不調の末、ついにこけたといっていい。このトヨタに象徴されるように名古屋も周辺都市も全部不景気です。ヤクザも不景気で、わずかにシノギになっているのは解体業、名古屋港の船内荷役、まあ人材派遣というか、手配師ですわ。それに昔の面影はないけど、ほそぼそ競馬、競輪のノミ屋も続いている。夜のシノギはピンクとアングラカジノ。これくらいなもんです。

カジノは毎月のように摘発されてるし、他のシノギだってたいしたことはない。二〜三年前にあったミニバブルみたいなことはもうないでしょう。これからはずーっと冷え冷えとした曇り空ばかり。二度と好転しないと覚悟した方がいい。

そうした中、わずかに期待できるのはＪＲ東海のリニア新幹線だけ。今の名古屋駅の地下深くにはもうリニア駅が建設されてるっていうし、これが頼みの綱だけど、実際に動き出すのが五年後。そこまでうちの会社が持つかどうかが問題です」（前出の地元業者）

おもての一般企業も冷え切っているが、それに輪を掛けてひどいのがヤクザや企業舎弟、フロント企業だという。

「国や県の建設工事は今、電子入札になって談合ができない。ヤクザ系企業が工事の下請け、孫請けに入る、下請け関係の交通整理をするっていったって無理。せいぜい市町村の仕事に潜り込む程度です。

だから弘道会系企業と見られて中部国際空港や愛知万博の工事を牛耳り、べらぼうに儲けた某社も今はおとなしいもんです。ゼネコンの出先幹部にカネを握らせて情報を取るとか、その情報をもとに反対側を脅したりとか、もうできない。だいたい弱味を持つゼネコン幹部が辞めたか飛ばされたか、いなくなってしまった。リニアの新幹線工事でもヤクザ企業は入る余地なし。弘道会系企業といわれる会社とつき合ってるのは今じゃ古いゼネコンや海洋系の建設会社だけです」

二位に甘んじる名古屋気質

だが、弘道会は全国区である。何もシノギの範囲を名古屋や中京圏に限ることはない。東京や大阪、福岡、どこでも弘道会の代紋は通用する。

だが、それがそうではない、弘道会にそのつもりはないと強く否定するのは、弘道会に通じる名古屋錦の風俗業者である。

「弘道会は山口組のトップで、山口組は全国ヤクザのトップでしょうけど、だからといって東京を征圧して、名実ともにトップにふんぞり返ることはない。というのは、名古屋には二位に甘んじて実利を得た方が得という伝統的な考え方がある。トップは風当たりが強まり損だ、トップの陰に隠れた方が得だ、と。

その証拠にトヨタの下請け、孫請けでさえ、トヨタのリコール問題で『ほれ見ろ。なまじ販売台数で世界一になんてなるからだ』と言ってる。ほとんど同情してない。絶対、中京圏の会社はナンバーワンになってはならない。二位、三位でいいんだという哲学があるからです。

山口組若頭の髙山清司弘道会会長（当時）も地元の出身だから、この辺りのことは十分分かっている。巷には一一年四月に司忍組長が出所して六代目に座り直しても、短期で引退する、次の七代目組長に就くのは髙山若頭だって観測があるけど、それはない。髙山若頭はもともとナンバーツーが自分の性に合ってると考えている。頭がいいからヘタな野心は持たない。トップに就けばいつか殺られる。しかし、だからといって弘道会会長の座は降りない。降りたら、これまた殺られると心得ている。徹底的なリアリストです」

現に、と風俗業者は根拠を挙げる。

「金曜、高山若頭は神戸から新幹線で名古屋に帰ってくる。一度乗り合わせたことがあるけど、その護衛ぶりといったら、一国の首相だって敵わない。グリーン車の車両、前のドアと後ろのドアを二人ずつ若い者が固める。高山若頭が座る周りには若い者が四人固める。都合八人が高山若頭をガードしている。しかも名古屋駅に着けば着いたで、入場券で入った若い者がホームに二〇人ぐらい、降りてくるドアの前を人垣で固める。

鉄壁の防備です。なぜこれほど警戒がきついのかといえば、自分が殺されれば司組長の留守を守ったことにならない、出所の日まで自分が健康でいてこそナンバーツーの若頭だ、襲撃されないことが若頭の第一番のつとめだって心得ているからです」

上の高山会長がこうなら、冒頭に記した弘道会幹部も車三台で移動するはずである。人件費の払いはないだろうが、それにしても本人を含め九人分の乗車券、特急券、グリーン料金を払わなければならない。大変な出費である。

「繁華街で飲むんだって大変なカネづかいです。というのは高級クラブを借り切る。引き連れるボディガードがだいたい三〇人。それがビルの前後から各階段の上下、エレベーターの前、店の中まで固めるから、一般客は怖がって近寄れない。店にとってはいい迷惑だけど、利用するのが六～八時と早い時間だから、一般客が入ってこない時間帯です。で、だいたい一〇〇万円支払う。不景気の時代、店にとっても結果としてありがたい客になるわけです」

高山若頭にとって多数のボディガードと一回の飲み代一〇〇万円は必要経費になるのだろうが、一般には人材とカネの乱費、ド外れた贅沢ともいえよう。が、そうした出費が痛くもかゆくもない経済力を弘道会は築いている。それに見合う莫大な収益が主に中京圏から吸い上げられていることは間違いない。

清田次郎・五代目稲川会会長就任と東京勢力図

角田会長の遺志に添う人事

稲川会の角田吉男四代目会長が一〇年二月に亡くなったが、次の五代目会長は清田次郎理事長（六九、二代目山川一家総長）でほぼ決定した。

稲川会の関係者が言う。

「角田四代目会長の四十九日明けの四月吉日に襲名式、次週の吉日に盃直しが行われる。誰が見ても清田さんの五代目襲名は順当でしょう。だいたい前の角田会長からして生前、清田さんに禅譲しようと準備していたといいます。その矢先の死だったわけです。もっといえば角田さんの就任当時に、すでに清田さんの名前が挙がっていた。清田さんは頭が低い人で、カタギにも好かれる。敵が少ない。悪くいう人はめったにいない。しかし、いざとなれば、強権政治もためらわない。その点、山口組の髙山清司若頭と似ている」

稲川会に近い東京の事業家も清田五代目会長就任に期待を寄せる。

「当面、五代目として稲川会の結束を強化することに専念するでしょうから、力強い稲川会になることは間違いない。清田さんになれば義理（交際費）も変わるはずだ。山口組若頭の髙山（清司）さんとはぴったんこだし何のトラブルもない。稲川会はさらに成長しますよ」

会内では、清田五代目会長就任はほぼ既定の事実といった受け取られ方で、むしろ関心はその先、理事長人事に向けられているようだ。稲川会の理事長は山口組でいえば若頭に相当する。組織のナンバーツー。トップを助けると同時に次代を担う若手リーダーといった感じだ。

山川一家のツートップライン

前出の稲川会関係者が語る。

「理事長には三代目山川一家総長の内堀和也・理事長補佐をという声がある。実力的にはもっとも適任だと思いますけど、これだと稲川会を清田―内堀の山川一家ラインと見る向きもあるようだけど、六代目山口組だって司忍―髙山清司の弘道会ラインで仕切っている」

弘道会の本拠は名古屋だが、山川一家の中心地は神奈川県川崎市である。清田理事長は山川修身・山川一家初代総長の下でヤクザの道を歩み、角田四代目を確立する過程では稲川会の結束を守り抜いたという。当時をよく知る関係者が明かす。

「このとき、清田さんが角田さんに四代目への就任を口説いた。角田さんは最初、『嫌だ、嫌だ。私には会長になるような気がない。清田さん、あんたがなれ。その方がすっきりする』と固辞した。そしたら清田さんは『まあ、そういわず四代目になってくれ。その次ならばやってもいいから』といった話をされたそうです」

内堀和也理事長補佐も川崎生まれの川崎育ちという。五七歳。長年、清田理事長を支え続けた実力者で、山川一家の要職を歴任している。四代目継承式では司会進行という大役を果たした。

川崎は東京と横浜の間に挟まれ、さほど目立たないが、政令指定都市の一つであり、人口は一三三万人と多い。予算規模も一般会計と特別会計を併せ一兆一〇〇〇億円と大きく、経済力も相応の規模を持つ。

稲川会関係者が続ける。

「会長―理事長を山川一家で固めても、実力が伴っていれば、見てくれのバランス重視より、かえって稲川会のためになると思う。加えて内堀和也総長は二代目山川一家の若頭だったころ、弘道会の竹内照明若頭と五分と五分の兄弟盃を飲み分けている（〇六年一〇月）。その後見人は髙山清司若頭と清田次郎理事長だった。あれこれ考えれば、弘道会との釣り合いがちょうどいい。山川一家が山口組における弘道会になればいいわけ。一つの強力なリーダー組織が稲川会全体を引っ張る。これが組織運営のコツかもしれない」

また古くから稲川会に出入りしていた芸能人が言う。

「最近、稲川会の人材という面では川崎、横浜方面がよく、他の人たちはあまり元気がない。稲川会にとっては熱海が聖地だろうけど、会館も横浜に移ったことだし、横浜、川崎方面、中でも山川一家に重心が移っても、仕方がないんじゃないか。これは時代の流れです」

先の関係者のコメントは、いわば稲川会を山口組の写し絵にする勧めともいえようか。これまでも稲川会と山口組はそれぞれ首脳間の盃事で親戚づきあいを積み上げてきた。石井進理事長と山本健一若頭（一九七二年一〇月）、稲川裕紘会長と渡辺芳則組長（九六年九月）の例がそれだが、ここで注意すべきは両組織とも組織の役職で同格同士が五分の盃を交わしている点である。

もちろん内堀和也理事長補佐が理事長に上ることは、稲川会のナンバーツーになることである。対して山口組のナンバーツーは髙山清司若頭であって、竹内照明若頭はその下に位置する。

つまり稲川会と弘道会の取り合わせなら同格で収まるのだが、稲川会と山口組の取り合わせになると、論議が起きかねない。弘道会はなるほど山口組の主流中の主流だが、組織の上ではあくまでも山口組の一直系組にすぎない。

こうした見方は即座に反論される。稲川会系の企業人が反駁《はんばく》する。

「そういうのは単なる理屈です。ご承知の通り、山口組は当代が今現在、服役されて、留守を守る若頭の髙山さんがいわば組長代行をしている。そういう事情だから、見方は外れている。髙山さんは実質的に山口組のトップなんだから。

その上、稲川会と山口組は組織が違うんだから、それぞれ階段を上っていく過程もスピードもちがって当たり前だ。個々の時点をとらえて、どうのこうのということ自体がおかしい」

もっともな反論である。この稲川会系の企業人は、仮に内堀和也総長の理事長就任が実現しても、一盃関係は長い目で見なければならないと教えている。

山口組との良好関係

他方、清田五代目の襲名は稲川会がますます稲川家の稲川会から離れていくことを意味しそうだ。

「稲川家から離れていくといっても、現に離れてますよ。今に始まったことじゃない。しかし稲川聖城総裁が稲川会をつくったんだから、稲川総裁に対しては、皆それぞれ敬愛の念は持ってます。

ただ〇六年七月、角田吉男四代目継承式と同日に総裁の孫が熱海で五代目継承式を行うなどしたんだから、みんなの心が離れたのも仕方がない。孫は〇七年三月に引退

して、もう稲川会とは関係ないし、今後、復活するってこともあり得ない」(稲川会系の幹部)

ヤクザは本来、実力だけが物を言う世界であるべきだが、それを「お家の家業」としようとしたこと自体がまちがいだったといえるかもしれない。世襲になじまない業種の代表がヤクザ業なのだ。

清田五代目会長の実現で山口組との関係はどうなるのか。

前出、稲川会系の事業人は、そんなことは言うまでもないと、こう断言する。

「今までも山口組とはこれ以上にないほど関係は良好だし、さらに今後はよくなる。清田理事長と髙山若頭、息がぴったり合っている。今は相手がどこだろうと喧嘩すれば、警察に潰される時代です。喧嘩できる時代じゃないし、喧嘩する必要もない。

稲川会が山口組色に染まるなんてこともあり得ない。稲川会は渡辺芳則五代目組長などの襲名式で後見人をやった方であって、やってもらった方じゃない。稲川会は山口組に後見されるような組織じゃない。向こうは関西の雄、こっちは関東の雄、関係は対等です」

しかし弘道会の幹部に質すと、若干ニュアンスは異なる。

「稲川会と今は喧嘩できない。平和路線を維持せざるを得ないが、だからといって、いつもいつも山口がおとなしいわけじゃない。いくときはいく。もっとも稲川会には五分と五分というプライドがあるから、ふだんのつき合いでは、山口の方も気をつけている」

何か懐にドスを飲んだような言い方だが、我が親分尊し、我が組最強と考えるのがヤクザだろうから、これはこれで理解できる。稲川会の幹部たちも腹の中では同じようなことを考えているかもしれない。

住吉会の位置づけ

最後に問題になるのは住吉会の位置づけである。周知のように山口組と住吉会の間に親戚づきあいはなく、西麻布事件など、両者の間には口には出さないものの、緊張関係が続いている。

警察庁のデータによれば〇九年の構成員数（準構成員を含む）は一位山口組三万六四〇〇人、二位住吉会一万二八〇〇人、三位稲川会九四〇〇人となっている。山口組はガリバー型といっていいほど巨大だが、それに輪をかけて稲川会と親密な交際を続ければ、住吉会を浮かせ、孤立させる危険がある。一位―三位連合による二位への包囲網である。

ところが稲川会には関東を代表する組織として、東京を山口組の縄張りにはしないという大前提がある。この大前提の前では住吉会と完全に利害が一致している。警視庁も現状を固定する考えに固まり、この点では住吉会、稲川会の側に肩入れする。万一、山口組が首都圏で拳銃弾を発射すれば、警視庁はじめ各県警が山口組を敵に回し、山口組に不利なことは火を見るより明らかだろう。だが、山口組が静かな首都圏侵出作戦に出れば、警視庁、広域団体とも有効な対抗策を打ち出しにくい。

現に山口組は國粹会を尖兵に、東京の繁華街で用心棒代、みかじめ料などカスリを取り始めている。その場所がその団体の縄張りであるかぎり、カスリを取る行為を他の暴力団は否定できない。わずかに警視庁が暴対法を楯に防御できる程度だが、これさえも営業者の協力なしにできることではない。

國粹会が山口組の傘下に入った時点で、山口組系による東京でのシノギが従来の経済活動によるシノギに加え、ヤクザ伝統の形でのカスリ取りが加わることは十分予想

された が、今それが現実化している。

清田次郎・稲川会会長の実現が山口組の首都圏侵出を阻止できるかできないか、今が正念場にあるといえるかもしれない。

相撲界と野球賭博と弘道会

捜査は本丸に達せず

山口組直参ではないが、二代目弘道会の最高幹部である三代目司興業の森健司組長が詐欺容疑で逮捕され、関連先が家宅捜索を受けたのは一〇年七月二日であった。

これは森組長が〇六年四月下旬、渋谷区恵比寿のマンションの一室を実際は森組長が使用するのに、居酒屋チェーン「やぶやグループ」（本社・愛知県名古屋市）横瀬武夫社長名義で賃貸借契約を結び、家賃を月三〇万円払っていたことが詐欺容疑とされ、両名が逮捕されたものである。横瀬容疑者は大筋で容疑を認めているが、森健司組長は黙秘しているという。

二代目弘道会を狙い撃ちした集中検挙は激化しそうである。

警察庁の安藤隆春長官は「弘道会倒すべし」を悲願としているのかもしれない。「弘道会の弱体化なくして山口組の弱体化なし」と、山口組の二次団体を名指しで突撃命令を下すのは歴代の長官にはなかったことだ。

今回の森組長逮捕の案件は、同長官の指示に沿うものと考えられる。同長官の号令を受け、警視庁や大阪府警が名古屋に出張り、必死で取り組んでいるのが相撲界の野球賭博だが、野球賭博は事件の筋として弘道会に行きつくのか、改めて疑問が湧く。

弘道会に通じる名古屋の会社社長が解説する。

「弘道会で野球賭博といえば、傘下の十代目稲葉地一家が専門と決まってます。稲葉地一家は古くから街道筋でバクチを仕切ってきた博徒で、前は地元組織の集まりである中京五社会に加盟していた。その後、弘道会の傘下に入ったわけだが、弘道会でもバクチという一点で独自性を保っている。つまり野球賭博はバクチの一種だから稲葉地一家が専門だという認識です」

十代目稲葉地一家・松山猛総長は弘道会では若頭補佐という要職にある。

この解説で明らかなように、弘道会と野球賭博はつながる。現に野球賭博で中継役を果たした力士や床山たちは弘道会系稲葉地一家の若中だった鈴木芳春組員が胴元だったと供述している。だが、鈴木組員は〇九年夏、愛知県大府市《おおぶし》でがん死し、実際に胴元だったのか否か確認しようがない。逆にいえば、確認できないからこそ、力士たちが鈴木組員の名を出したとも疑える。

また〇九年一〇月末、兵庫県警暴力団対策課は弘道会系の組幹部である小泉太容疑者を賭博開帳図利の容疑で逮捕している。小泉容疑者は同月中旬、プロ野球パ・リーグのクライマックスシリーズ、楽天―ソフトバンク戦を対象に、張り客に勝敗を予想させる賭博を開いたというから、野球賭博をやっていたことは間違いない。だが、ここでも小泉容疑者が開いた野球賭博の張り客に相撲関係者がいたかどうかは明らかでない。

野球賭博では、携帯電話を通して客にハンデを伝え、客はどのチームにいくら賭けるか、やはり携帯電話で中継ぎや胴元に伝える方法が主流である（野球賭博の胴元はふつう上から下に本胴、中胴、走り胴、あるいは中継ぎなどピラミッド構造を成している）。

ご存じの通り、携帯電話には発信記録や着信記録が残る。一定の件数に達すると、過去の記録は消されていくが、それでも警察の要請があれば、携帯電話会社は相当の期間にわたって発信・着信記録を開示するのが普通である。

いつ、誰にどの程度の時間、電話を掛けたか、電話を受けたか、データは残されている。記録された電話番号からは電話の持ち主も特定できるはずだし、だいたい携帯電話には電話帳が付随している。情報の宝庫なのだ。捜査側にとって、携帯電話以上に強力な物証はないはずだが、その割に捜査は弘道会という本丸に達していないように思われる。これはなぜなのか。

胴元不在の可能性

もう一つ捜査側には有力なルートがある。元大関琴光喜（相撲協会が解雇）から野球賭博の口止め料名目で三五〇万円を脅し取った元力士、古市満朝容疑者のルートである。古市容疑者を突き上げ捜査にかけることで、胴元に届く可能性があるだろう。

一〇年七月一五日、東京地検は古市容疑者を恐喝で起訴したが、起訴状には胴元について記されていない。古市容疑者は九七年二五歳で力士を廃業後、大阪で焼き肉屋や風俗店に手を出して失敗、福岡に流れてデリヘルを経営したが、その時期に九州誠道会系の組に出入りしたとされる。

九州誠道会と弘道会、両方の情報に通じる関係者が語る。

「古市は九州誠道会系の組事務所に出入りしていたばかりか、短期間、そこの組員だったといってもいいようだ。その時期、九州誠道会には胴元をやっている人間もいた。だが、胴元をやっていた男も古市も、今は九州誠道会には所属していない。その後、胴元をやっていた男は稲葉地一家のSという男とつるんで野球賭博を手掛けたが、今はSも元胴元も弘道会を辞めている。

だから、今、九州誠道会は、野球賭博となんの関係もないと明言できる。同じように弘道会も、野球賭博はうちとは関係ないと明言できる。だいたい野球賭博は弘道会を攻める手段としては筋が悪い。警察庁は攻めきれないいんじゃないか」

世間が大騒ぎした相撲界の野球賭博だったが、たしかにヤクザのシノギとしては頷けない点がある。早い話、琴光喜が賭博の仲介役の元幕下力士に勝ち金五〇〇万円の支払いを求めたところ、その仲介役は多額の未回収金がある古市容疑者からもらうように言ったとされる。

仲介役がプロであるなら、まず古市容疑者から自力で未回収金を取り立て、そのカネの一部を琴光喜に支払うのが筋だろう。自分で取り立てもせず、取り立てを勝ち客に委ね、その回収金を勝ち客への支払いに充てるなどはプロのすることではない。

こんなことでは早晩金銭の受け渡しがぐじゃぐじゃになり、揉め事が起きるのは必然ともいえよう。事実、古市容疑者は琴光喜から未回収金の支払いを求められて逆上し、琴光喜を逆に脅して三五〇万円を恐喝し、結果として野球賭博騒動の引き金を引くことになった。

こうした事実から、相撲界の今回の野球賭博では、仲介役か中継ぎ役ばかりで、胴元の名に値する者がいなかったのではないかと疑われる。事件の性格はやや手の込んだ仲間うちのバクチである。胴元が暴力団であり、また暴力団しか野球賭博を仕切れないことは自明なのだが、暴力団なし、胴元なしでも野球賭博をやってやれないこともなかろう。

胴元の不在が暴力団の不在とイコールなら、警察庁がいくら号令をかけても、弘道会はもとより、他の暴力団も捜査線上に浮かんでこないにちがいない。

仲介役もしくは中継ぎ役だけで野球賭博を回転させていくことは可能だろうか。現在、各対戦でのハンデの出し手、つまりハンデ師の発信源は東京、横浜の二ヵ所があり、横浜のハンデ師は堅気の韓国人と伝えられる。すなわちハンデさえ入手可能なら、仲介役だけでも野球賭博はとりあえず可能である。しかし古市容疑者の犯行に見るとおり、早晩、そうした安直な野球賭博では揉め事を起こし、瓦解する定めになる。

仮に今回の野球賭博の実態がこうしたものだったのなら、相撲の世界から暴力団排除、追放をと叫んだ騒ぎはとんだ茶番になる。野球賭博は暴力団がやるものという常識に基づき、野球賭博にかかわった力士は許さない、仲間うちで雀卓を囲んだ、ゴルフで握りをしたというレベルとは次元が違うという世論が形成されていったのだ。野球賭博騒動は今後の捜査がどう進むか進展を見なければ判断不能だが、いわば危うさ、怪しさを秘めたお笑い種に終わる危険もある。

日大理事長の関わり

しかし野球賭博とは別に、相撲の世界と弘道会のつながりはそんなものではないと指摘する声がある。声を発するのは相撲と暴力団情報の両面に通じる東京の事業家である。

「今回の騒ぎもそうだが、陰の主役を成しているのは日大相撲部ですよ。今の日大理事長は田中英壽さんです。彼自身が日大経済学部の卒業で相撲部の出身。今現在、日本相撲連盟副会長、国際相撲連盟会長を兼任している。というわけで、相撲界との縁はめちゃくちゃ深い。

おまけに騒ぎで解雇された琴光喜もそうだけど、力士にはやたら日大相撲部出身が多い。木瀬親方、追手風親方、清瀬海、山本山、普天王、田子ノ浦親方、境川親方、たくさんいるし、中に野球賭博に関係した者も少なくない」

では、野球賭博騒動は日本相撲協会における日大相撲部出身力士に対するバッシングだったのか。日大相撲部の出身者からは琴光喜をはじめ多くの犠牲者を出している。

「いや、そういうことを言いたいのではない」と先の事業家は否定する。

「日大理事長は一九四九年ごろから約二〇年間も日大を牛耳ってきた古田重二良会頭・会長に見られるとおり、歴代、暴力団を権力保持の支えにしてきた。

当初、日大の背後に控えていたのは住吉会だったが、現在は弘道会に変わっている。弘道会といっても司忍組長は一一年春まで服役中だから、実質的には髙山清司若頭のわけだが、彼と日大首脳部を最初に引き合わせたのはKという産廃業者だったといわれている。このKは住吉会の首脳とも近い」

たまたま「週刊文春」一〇年七月二二日号は武蔵川理事長と中井洽《ひろし》国家公安委員長が六月二一日、東京・神楽坂の料亭で会食、両者の仲介をして会食に同席したのは田中英壽理事長だとすっぱ抜いている。

同記事は波紋を広げた。中井洽国家公安委員長は早速七月一五日の定例会見で、「(武蔵川理事長に会ったという事実は) ありません」と否定してみせた。さすがに警察庁をも管轄下に置く国家公安委員長が警視庁の捜査を受けている日本相撲協会の理事長に、騒ぎの渦中、会うのはまずいと思ったのだろう。

「『捜査当局に迷惑をかけているなら (著者注：週刊文春の記事に) 法的措置を取るが、(警察庁が?) 気にしないでいいと言うので、(同誌の報道を) 放っておく』とも述べた」と、新聞は伝えている (朝日新聞一〇年七月一五日夕刊)。

中井国家公安委員長は週刊誌報道に名誉毀損など訴訟に訴えることをしないといっ

ているに等しいから、報道は中井氏の否定にもかかわらず、真実に近いと見なければなるまい。つまり武蔵川理事長と中井国家公安委員長は日大・田中英壽理事長の仲介で何ごとか密談した事実がある。彼らは何を話したのか。

落としどころの探りあい

前出の事業家が推測する。

「武蔵川理事長は当然、野球賭博騒動に早くフタをしたい。そのために捜査の方向性や、落としどころがどこら辺か、国家公安委員長の判断を聞きたかった。田中・日大理事長にしても同じ思いだったはずだ。放置すれば日大相撲部出身力士がよけい傷つく。弘道会にも迷惑を掛ける。そうでなくても名古屋場所での維持員席の問題では、司組長の名前さえ取り沙汰される騒ぎになった。一刻も早く、誰をどういう風に犠牲にすれば、捜査側の納得を得られるか、のどから手が出るほど捜査の幕引き情報が欲しかったはずです」

結果、琴光喜と大嶽親方は解雇され、名古屋場所が開催された。そして依然として警視庁などは野球賭博の捜査に従っている。国家公安委員長と警察庁、警視庁の間に亀裂が走っているということだろうか。

「野球賭博は筋の悪いヤマです。ネットや携帯サイトでこっそりやってるような小バクチは、たとえ相撲取りが大金を賭けていても、捜査がいくら進んでも、弘道会の大物は燻り出せない。敏腕捜査官でも無理筋は無理ということ。髙山若頭の逮捕など夢のまた夢です。しかし捜査を続けているかぎり、弘道会への圧力になり、弘道会の沈黙は買える。

他方、弘道会が主導する山口組は民主党を応援している。山口組が過去、衆参の選挙で民主党候補に投票せよと傘下の組織に指示を出したことは事実です。愛知はトヨタであり、自動車総連、連合、民主党という流れにある。

とすれば、時の政権が弘道会を徹底的に痛めつけることなどあり得ない。要は生かさず、殺さず、時に応じてコントロールする。この意味で警察庁・安藤長官と国家公安委員会・中井委員長の間に食い違いはない。それぞれ役割を果たしているだけ。政治と暴力団、二つの接合部に位置しているのが日大相撲部であり、日大理事長であるという構造です」（前出の事業家）

この見立てが真相に近いのなら、少なからず興ざめである。両者とも勝手にやってよ、というのが政治的に正しい態度かもしれない。

第四章　ナンバーツー逮捕の激震

「直系組長一挙七人逮捕」の最終ターゲット

警察庁長官の狙いは「髙山若頭逮捕」

警察庁は一〇年九月一五日、全国警察本部の暴力団対策関係課長を集め、弘道会に対する取り締まり強化のための会議を開いた。

席上、安藤隆春・警察庁長官は「この時期に弘道会に決定的な打撃を与え、組織を弱体化させなければならない」と訓示し、持論である「弘道会の弱体化なくして山口組の弱体化はない。山口組の弱体化なくして全国暴力団の弱体化はない」を繰り返し強調した。つまり弘道会幹部による犯罪の摘発を徹底するとともに、風俗店の取り締まりや国税当局への積極的な課税通報など、あらゆる手段を駆使して資金源を断ち切るよう求めたのだ。

警察庁詰めの全国紙記者が解説する。

「一説に安藤長官は警察庁長官を一一年二月ごろ交替するらしい。四月九日には山口組の司忍組長が出所する予定だから、安藤長官としてはなんとしても二月までに、髙山清司若頭を逮捕したいと必死のようだ。もちろん後任の長官も安藤路線を引き継ぐだろうが、少なくとも自分の代で弘道会に王手をかけておきたい。

警察庁、警視庁のキャリア組は『髙山逮捕はあり得る。狙えるんじゃないか』と楽観的だが、逮捕につながる特別なネタを握っていそうには思えない。逆にノンキャリ組は『七〜八割ムリ、ネタがない』と冷淡に見ている。しかし彼らも上からハッパをかけられて弘道会捜査でヒーヒー言ってる。力士の野球賭博で胴元として弘道会の名は出ていても、問題の人物は〇九年死んで、それ以上は追い切れない。それをどうクリアするか、下の捜査員も悩んでいる」

こうした安藤路線を忠実に実行する形で兵庫県警は一〇年九月二日、井上邦雄若頭補佐（四代目山健組組長＝神戸）、光安克明幹部（光生会会長＝福岡）、江口健治幹部（二代目健心会会長＝浪速）、森尾卯太男幹部（大同会会長＝鳥取）の四人を、兵庫県知事の許可を得ていないにもかかわらず、神戸市北区のマンション四戸を四人の直系組長に転売した容疑で逮捕した。

それらマンションを購入した田中三次・三代目稲葉一家組長（熊本）、富田丈夫・國領屋一家総長（静岡）、浜田重正・二代目浜尾組組長（横浜）の三人を、また一〇年三月山口組を除籍になった清田隆紀・元清田会会長（長崎）と一緒に逮捕した。四人の逮捕理由はマンションの共益費などの引き落としに使う銀行口座を、暴力団構成員であることを隠して開設した詐欺容疑である。

捜査関係者の中には単に形式的な微罪と評する向きもあるが、とはいえ、一挙に山口組の直系組長七人を挙げたのは、近年稀な事態である。

関東圏の捜査関係者が語る。

「こういう重箱の隅をつつく微罪で山口組をいじるのはどうかという意見がある。本命の髙山清司若頭はますます警戒を強めて尻尾を出さなくなる。かえって捜査がやりにくくなるんじゃないか」

井上邦雄若頭補佐の特殊事情

だが、兵庫県警に逮捕された中で、井上邦雄若頭補佐については特殊事情を抱えている。というのは四代目山健組・山本國春若頭（健國会会長）が〇七年五月に発生した山健組系五代目多三郎一家総長・後藤一男殺害事件の首謀者として（組織犯罪処罰法違反＝組織的殺人＝容疑）、一〇年四月逮捕されているからだ。

マンション売買の微罪が後藤総長殺害事件の別件逮捕になり得る可能性はあるのか。捜査当局は山健組・山本若頭のさらに上位にいる首謀者として、山口組・井上若頭補佐を想定しているのではないか、という危惧が一部関係者の中にある。

まず山健組関係者は別件逮捕説をはっきり否定する。

「今回の逮捕はマンション売買だけのことで、大丈夫、二二日間で出られる、単に罰金だけで終わると組内では見てます。多三郎一家・後藤総長殺しに事件が膨らむはずがない。山本國春若頭は男です。男を売る商売をしている。そういう男が警察に突き上げられて、捜査を上に持っていくような供述をするはずがない。組内に動揺はありません」

後藤総長殺害事件は山健組の組員が山健組の現役幹部といってよかった多三郎一家・後藤一男総長（事件直前に山健組から絶縁したという）を殺害した、異例すぎる事件である。

いわば仲間による仲間殺しの事件であり、事件の発生直後から、一、事件は山健組の内部犯行である、二、後藤総長はかねて弘道会批判を公然と繰り返していた、それを弘道会が知るところとなり、山健組に厳重に注意し、それを受けて後藤総長殺しという内部犯行が引き起こされた――という二つの噂が根強く流れていた。

このうち少なくとも一、の内部犯行説は、山本國春若頭に至る一連の山健組の組員逮捕で半ば裏付けられたと見てよかろう。問題は二、弘道会関連部分である。後藤総長殺しは最初に弘道会が引き金を引いた、今後の捜査によってそれが裏付けられることになるなら、これは山口組全体を震撼させる大事件となろう。

カギになる元組長の証言

この意味で兵庫県警による七直系組長逮捕が重箱の隅をつつく微罪逮捕などとは「事情を知らない者の寝言。七直系組長逮捕こそ弘道会に王手をかける必殺技の第一着」と評する関西の捜査関係者がいるのだ。

「山本國春若頭は山健組の若頭なんだから、彼が率いる健國会は、直系組長から見れば単に『枝の組』のわけです。ところが山口組本部執行部の発議で、山本國春若頭の逮捕後、直系組長のおよそ全員が一〇万円づつ出して、約九〇〇万円を彼に差し入れている事実がある。

『山本若頭は山健組にあって実によくやっている。捜査中であっても頑張ってほしい』という意味づけのようだが、仮にも直参全員が枝の者に現金を差し入れるなど、空前絶後のことでしょう。

これは山本若頭の逮捕をひどく寒く感じている者、山本若頭の供述次第では弘道会に飛び火しかねないと見る者がいるってことの間接証明です」

捜査関係者が述べる直系組長による差し入れが事実であるかどうか、確認は取れていないが、仮にこれが事実とすれば、確かに捜査が山本若頭より上に延びる可能性がいくぶんか漂っているといえよう。あくまでも情況証拠にすぎないのだが。

別の見方もある。

「逮捕された直系組長八人の内訳は現役七人、元職一人だが、現役の直系組長と元直系組長の供述内容が違ってくるのは、当然、予想できることです。長崎の清田隆紀・元清田会会長は神戸市内でマンションを買っても、現役じゃないんだから山口組本部に通う必要がない。従ってマンション購入はムダな出費となったわけだし、組を離れた以上、今さら山口組に遠慮することもない。

実は売り手側の山口組幹部四人の中に、この清田隆紀元組長と反目の者が一人いる。清田元組長はこの者が不利になるような供述を結果的にするのではないかという予測が捜査陣の中にあります。事件に直結していなくても、単に噂話でいい。彼が供述してくれれば、何らかの形で捜査の端緒が摑める可能性が出る。現にその可能性は高い、高くなってきたと私は聞いてます」(阪神の事業家)

山口組にとっては不気味な発言だろう。冗談から駒が出たではないが、微罪からホンボシが出る事態になれば、山口組の厳格な運営は何だったのかとなる。

そうでなくても六代目山口組の元直系組長で絶縁や破門、除籍など処分を受けた者は少なくない。警察がこれら処分された者にキズを見つけて逮捕し、取調室に連れ込めば、彼らも自衛上、供述する可能性はあると見るべきだろう。しかも逮捕されたからには、元ヤクザにあるまじきチンコロとして、自制や自己嫌悪する必要なく供述できるともいえよう。

逆にいえば、五代目時代の肥満した山口組を削り、少数精鋭路線を進めてきた六代目山口組が一気に逆転を喫し、情報流出を起こす危険さえ指摘できる。

「暴排条例」づくりを奨励

安藤長官の山口組と弘道会の弱体化号令は都道府県警に浸透し、徐々にポイントを摑み始めた模様である。

一〇年六月大阪府警と北海道警の合同捜査本部は山口組の不動産を管理する「山輝」代表取締役・寺岡修若頭補佐（俠友会会長＝兵庫）、光安克明幹部、江口健治幹部、森尾卯太男幹部の四人を逮捕している。容疑は〇八年〜一〇年四月までの間、兵庫県知事の許可を受けず、直系組長で共有している神戸市灘区篠原本町の山口組本部の敷地を、直系組長を退くなどした一四人からその持ち分を計三五〇〇万円で購入し、直系組長に昇格した三一人に計九三〇〇万円で売却した、これは宅地建物取引業法違反だというものだった。

井上若頭補佐などの事件は同じく山口組の不動産を管理する「東洋信用実業」を舞台とするもので、「山輝」事件と同工異曲だが、逮捕者の中に元職をまじえた点で、山口組に対して脅威の度を加えている。しかも兵庫県警は現在「兵庫県暴力団排除条例案」を用意し、一〇年九月にも県議会に提出、一一年四月に施行された。

条例案は山口組の直系組長たちが神戸市内のマンションなどに設けた「滞在拠点」を「暴力団関連施設」と規定し、事務所とともに、住宅地や教育施設から約二〇〇メートルの範囲で新設を禁じ、違反の場合は一年以下の懲役、または五〇万円以下の罰金を盛り込んでいる。今回の井上若頭補佐などの容疑に照応するもので、条例面からも神戸市内の滞在拠点を排除するものだが、警察庁は弘道会叩きと合わせ、全国で同じような「暴力団排除条例」づくりを急ぎ、二〇一一年一〇月、東京都と沖縄県で条例が施行され、全都道府県での施行が成った。

その第一号は福岡県で、一〇年四月一日施行された。公共事業からの暴力団排除、暴排活動を行う人への警察による保護などを定め、不動産の譲渡等に関しても、一、暴力団事務所に使用されないために契約先に使用目的を確認すること、二、暴力団事務所の使用を知った上での譲渡等の禁止、三、暴力団事務所に使用された場合、催告なしで契約を解除できる旨、契約内容に含める――などを規定している。

民事介入暴力に詳しい弁護士が解説する。

「暴力団排除条例は福岡県の他、愛媛県、佐賀県、長崎県、鹿児島県で成立し、それに弘道会のお膝元である愛知県、滋賀県、そして兵庫県などで準備されている。実は警察庁の安藤長官はこうした全国各地の動きに気をよくして、暴力団排除の有力な武器と認識しているようだ。

兵庫県の条例案でも明らかなように、暴力団は組事務所や滞在拠点、そして新設の場合は居住にも制限を受け、地域から排除される。公共住宅はもちろん、民間のマンションにも事実上住めなくなる。事業面でも公共工事の下請け、孫請けから排除され、証券の取引口座ばかりか銀行口座の開設、貸し金庫を借りることさえ、今現在不可能になっている。仮に偽名や借名で開設しようとすれば、そのこと自体が詐欺などの犯罪として摘発されることになる。

これは暴力団の構成員に人権はないというに等しく、暴力団対策法の先を行っている。つまり暴対法は暴力団の存在を認めた上で、これこれのシノギはするなと中止命令を出し、組長の使用者責任を問うものだが、各地の条例は暴力団の存在そのものを認めない。

警察にとっても条例は捜査力の不備を補うもので、安藤長官はこうした動きも睨んで条例づくりを奨励し、そうした動きも合わせて弘道会の弱体化に邁進しているわけだ」

弘道会＝山口組をなくせば、警察の暴力団関係部署、つまり暴力団対策室や組織犯罪対策課なども不要になり、人員削減の対象になるだろうが、今のところそこまで考える余裕はなく、ひたすら弘道会叩きに一直線といったところのようだ。

髙山清司若頭逮捕で「山口組に王手」

警察の念願達成

警察庁の安藤隆春長官は「弘道会の弱体化なしに山口組の弱体化はない」を合い言葉に、直系組長たちを微罪や単なる形式犯でも相次いで逮捕し、山口組叩きに狂奔してきた。現在の山口組は周知のように髙山清司若頭が絶対的な権力を握り、思うがまま組の采配を振るっている。

髙山若頭が実質的に山口組のトップであり、さすがの警察庁も隙を見せない髙山若頭だけは手を出せまいと見られていたが、安藤長官はついに京都府警を使って髙山若頭に手を伸ばし、まがりなりにも「山口組に王手」と念願達成に一歩にじり寄った恰好だ。

一〇年一一月一八日早朝、京都府警は一四〇人もの警察官を動員して神戸市中央区熊内町の神戸別宅を囲み、髙山若頭を恐喝の疑いで逮捕した。府警によると、髙山若頭は京都市内の建設業者から四〇〇〇万円のみかじめ料を脅し取った疑いがあるとのこと。髙山若頭は係官に令状を示された際、「わしは関係ない」と言下に犯行を否定したとされる。

京都府警によると、被害者は自由同和会京都府本部会長の上田藤兵衞氏（六五）である。上田氏は国土建設協同組合の理事長を兼ねている。

京都府警の発表資料によると、おおよそ髙山若頭の犯罪事実は次のようなものだったらしい。

〈髙山若頭は、上田氏から事業活動などに対するみかじめ料名目でカネを脅し取ろうと計画、山口組直系淡海一家・髙山義友希総長（五三、組織犯罪処罰法違反で起訴）ら三人と共謀の上、〇五年七月末から同年一二月初旬にかけて京都市内のホテル等で上田氏に対し、「われわれが上田さんを全面的に面倒見ることになった。ついては面倒を見るお代として、みかじめ料を持ってきてほしい」「名古屋の頭（髙山若頭を指すと府警は解釈）に届けるから一〇〇〇万円以上は持ってきてくれ」などと脅迫して執拗にカネを要求し、同年一二月三〇日、京都市内の別のホテルで上田氏から現金一〇〇〇万円を脅し取り、さらに〇六年二月ごろからその年一二月中旬にかけて、京都市内に上田氏が所有する関係会社などで、上田氏に対し「山口組としての決定事項を伝える」「上田さんがやっている仕事は淡海一家を窓口として通してほしい。盆暮れも頭に現金を届けてほしい」「仕事を一緒にやろうやないか」「仕事とは別に一〇〇〇万円以上は持ってきてや」等と脅迫して、カネの要求を執拗に続け、その年八月九日に現金二〇〇〇万円、また一二月一八日に現金一〇〇〇万円を京都市内の喫茶店で脅し取った〉

髙山若頭は一度上田氏との会食に同席し、「髙山義友希さんとよろしくな」と上田氏に挨拶したことはあったようだ。また何かの折に上田氏と顔を合わせた際、「いつもすまんなー」と会釈したとも伝えられる。

しかし髙山若頭は恐喝の場面や現金受け渡しの場面には一切同席していないらしい。恐喝した者が「名古屋の頭に届けるから」とウソかホントか、単にカネの届け先を示しただけで、恐喝の共謀共同正犯で逮捕されては、警察の勇み足が過ぎるのではという気もする。

この「名古屋の頭」が髙山若頭を意味するのか、そうでないのか、さまざまに解釈できそうだが、実は上田氏はこの模様を密かに録音していた。録音によれば、紛れもなく「名古屋の頭」が髙山若頭を指すことは明白で、他の誰かを指すと解釈するのは不可能らしい。

だから京都府警とすれば、証言者の上田氏を握っていれば、公判維持に自信たっぷりでいられる。そのため京都府警は上田氏の自宅や会社を二四時間ガードし、外出時にさえ上田氏に警察官がぴったりつけている。警察による警護の隙を突き、上田氏を殺傷して口封じをすることはきわめて困難という。

今回髙山若頭は逮捕されたが、「大丈夫、頭（髙山若頭）はすぐ帰ってくる」と弘道会関係者はおおよそ楽観している。事件の概要を知れば、根拠のない読みではないだろう。簡単にいえば、上田氏が三回にわたって四〇〇〇万円を恐喝されたと要約できる事件だからだ。

だが、一方、先に逮捕された淡海一家・髙山義友希総長の場合には、〇九年一二月に指名手配され、一〇年四月に逮捕、六月に再逮捕され、今に至るまですでに八ヵ月間勾留されっぱなしである。単純な事件の割に長期勾留は異例であり、ことによると髙山若頭も容易に保釈されないのではないかとの危惧も生まれる。警察にとってはようやく捕らえた虎の子であり、そう簡単に手放すとは思えない。まして髙山逮捕が警察の最終目標であり、真の狙いでもあるからだ。

無理筋捜査の懸念

被害者の上田藤兵衞氏については、インターネットのウィキペディアに次のような記述がある。

「京都市山科区の母方の実家に非嫡出子として出生。小学校五年生の時、家業の材木商「若藤」が倒産。村井秀明（部落解放同盟と全日本同和会の京都府辰巳支部を設立）の勧めで部落解放運動の世界に入り、京都市山科区に依拠して部落民宣言を行う

（後略）」

などと記されている。

彼が書いて刊行した『私の履歴』には、こう記している。

〈私は二九歳の時、私が勤める会社の救済に反社会集団と掛合ってケンカになり、相

手が亡くなった事で罪に問われ、刑に服したような過去があります。が、その事件が被害者的立場にあった事、冤罪とまでは言いませんが背景にある社会や関係者を守る為には、何が原因でそうなったのかという事は一切言わなかったので正当防衛を証明せず現象面だけで裁きを受け、私一人がその「ドロ」を被り犠牲になって、黙って刑に服してきた事などは、当事者である私とその関係者しか知らない事であると思っておりました〉

過去、人を殺しておいて、今になってこの言い分はないと、誰もが思おう。死者が浮かばれない。

こうした記述を見ると、そうとうこわもての人物と想像されるが、こういう人物が三回にわたって四〇〇〇万円を淡海一家に支払い、後になって警察に恐喝されたと被害届を出したことになる。京都府警が上田氏と折衝を重ね、被害届を受理したのかもしれない。

このところ警察や検察の筋書き捜査や証拠の改竄《かいざん》など、不祥事が続いているだけに、無理筋の捜査ではと疑われても仕方なかろう。

髙山義友希総長は髙山誠賢とも名乗り、周知のように四代目会津小鉄会・髙山登久太郎会長の実子である。私は〇五年一一月、彼がまだ二代目弘道会の舎弟頭補佐だった当時、滋賀県大津の淡海一家本部でインタビューしたことがある。髙山総長は東海大学の出身で、空手をよくし、本部事務所には広い道場も備えている。もともとがカタギだったが、髙山若頭と知り合い、〇三年弘道会に舎弟として加入し、ほどなく舎弟頭補佐に昇格、〇九年には山口組の直系組長に抜擢された。

カタギ臭が脱けず、いかにも人のよさそうなタイプで、「ええとこのボンボン」と評する人も少なくない。事実、本部事務所や自宅は他に例を見ないほど広大、美麗で、実父の髙山登久太郎氏の勢威をしのばせるものがある。

会った際、髙山総長は語っていた。

「同じ髙山姓だけど、親戚であるとか特別な関係は一切ありません。ただ髙山さんはよく私に目を掛けて下さり、私の方に来られたこともあるし、弘道会にも道場がありますから、私が向こうに出稽古に行ったりとか、そういう縁があったわけです」

想像するに髙山義友希総長と会津小鉄会との関係があまりよくなかったから、髙山総長は弘道会に入り、髙山若頭の口ききで直系組長に上ったのだろう。髙山総長が髙山若頭と個人的に親しいことは確かだが、だからといって用心深い髙山若頭が髙山総長と協同して同じシノギに取り組む必然性があったのか、いささか釈然としない。

「高山は七年ぶち込む」

暴力団情報に詳しい関西のジャーナリストが解説する。

「上田氏が山健組の渡辺芳則組長（後に山口組五代目組長）と刑務所で知り合ったのは事実です。京都の会津小鉄会は四代目の高山登久太郎会長の時代に、山健組の桑田兼吉と会津小鉄の図越利次が兄弟盃を交わした。

その後、九七年に高山登久太郎が引退し、会津小鉄は親山健組色を深めていった。これで高山登久太郎の倅《せがれ》の高山義友希は京都から弾き出され、大津で淡海一家を旗揚げして、名古屋の弘道会に近づいたといういきさつがある。上田氏を淡海一家、弘道会がわが利権とする思惑はあったろう。京都府警はそういう上田藤兵衞をまた名古屋から京都に奪い返し、返す刀で名古屋に斬り込んだということかもしれない。

本来、警察は暴力団の内懐に手を突っ込んで掻き回すようなことはすべきでないという意見が出てくるのは当然です」

京都府警は上田氏の手を借りて弘道会叩きかよ、という批判だが、反面、弘道会を敵に回すような大それた真似ができる者は滅多にいない。むしろ京都府警は目の付け所がいいと褒めるべきなのか。

今後、髙山若頭がどの程度、勾留されるか不明である。当初、弘道会筋は「大丈夫、二二日間でシャバに出てくる」と楽観的だったが、一二月八日京都地検が髙山若頭を起訴した。起訴後も身柄は押さえられっぱなしで、この分では一一年四月に出所する司忍組長との面談が叶わないばかりか、数年間の拘置、服役さえ予想されている。

京都のメディア関係者が言う。

「京都府警の捜査員は、七年間、髙山若頭を刑務所にぶち込むと息巻いている。たかが恐喝でそれはないだろうと思う人が大半だろうが、恐喝は刑法二四九条に定められている。『人を恐喝して財物を交付させた者は、一〇年以下の懲役に処する』と。被害額が四〇〇〇万円と大きいし、七年は十分あり得る刑期だ。

現に名古屋の弘道会に近い筋でも、最近は『懲役四年』を予想している。山口組の実質支配者が組長の出所を迎える大事なときに、四～七年の社会不在は大きい」

仮に社会不在が長期に及んだ場合、山口組の運営に変化は生じるのだろうか。

大ざっぱにいえば、山口組内には髙山若頭に対して不平不満を唱える反対派はいないと見られた。後藤忠政元若頭補佐のゴルフコンペ開催をきっかけとした連判状騒動で、名を連ねた直系組長十数人はすでに絶縁や除籍、引退などの形で組の外に追放された。彼らが率いた直系組はそれぞれ若手を新規直系組長に立てて世代交代が進み、髙山若頭に対して感謝や忠誠の念を抱くものの、間違っても反旗を翻すような者はいないはずと見られたが、「司―髙山ライン」に対する批判派は根だやしにできなかった。一五年八月結成の神戸山口組が証明する通りである。

竹内照明・弘道会若頭の逮捕情報

髙山若頭の逮捕・起訴で地元名古屋は浮き足立った。今、流れているのは弘道会の竹内照明若頭逮捕の噂である。

弘道会に近い事業家が言う。

「竹内さんの罪状は分からない。逮捕するのはたぶん愛知県警なんでしょうが、いつ逮捕するのかという日取りもはっきりしないし、とにかく近々間違いなく逮捕されるという噂だけが一人歩きしている。

で、そうなると山口組の中での弘道会優位という立ち位置はぐらつき、弘道会は孤立する。また弘道会の中でも髙山若頭優位の構図が崩れ、誰が混乱する事態を収拾するかが取り沙汰されている。今、名が上がっているのは舎弟頭補佐の一人M組長だ。獄中の司忍組長がきちんと正確に指示を出せればいいのだけど、今、司組長に会えるのは姐さん(司組長夫人)だけ。そのため情報や指令が正確に伝わってこない。

この分だと、出所する一一年四月を待たずに弘道会は分裂の危機を迎えるかもしれない。これまでの安泰路線が髙山若頭の逮捕で一気に分裂・内紛情報が飛び交うまでに混乱してきた。そのくせ、若頭の周辺からは『強力な弁護団を組むから髙山若頭を有罪には持っていかせない』という強がりだけが聞こえてくる。根拠なく、楽観情報だけを出すんじゃないよと、いらつきます」

同じような混乱が山口組執行部をも襲っている。髙山若頭逮捕につづき、入江禎総本部長も逮捕だから、山口組の混乱は予想外の広がりを見せて当然だろうが、実際には単に沈滞ムードに襲われている。

首都圏の広域団体幹部が明かす。

「山口組は埼玉で住吉会との間にトラブルを抱えている。仲介に入った稲川会が住吉会の言い分に腹を立て、親戚づきあいの解消さえ報じられたが、このところ山口組側の言い分はトーンダウンしているようだ。関係した住吉会傘下の組の解散なし、組長の絶縁・破門なしで和解ＯＫと、これまでの条件を下げた。

住吉会もそういうことなら和解してもいいと返事し、近々、稲川会総本部で両者和解のテーブルに着く運びになった。強気で鳴らした山口組もナンバーワン〜スリーまでトップ不在ということではおとなしくしているほかにない。

今の山口組執行部は髙山若頭不在の間、極力控えめに、留守を守ろうと心掛けているんじゃないか。新しいいざこざは避けて通る」

そうでなくても山健組は、本部事務所への手榴弾投げ入れ事件も未解決だし、山本國春若頭の逮捕が依然尾も引いている。置かれた環境は山健組をして否応なく「内向の世代」になるよう強いている。山健組による執行部制圧など、滅相もない話にちがいない。

髙山若頭の逮捕・起訴が山口組に投げた波紋は思いの外深く、広範に及んでいる。

「系列組長連続自殺」で弘道会が突きつけられた現実

カネがらみの拳銃自殺

一〇年末、高山若頭の逮捕・起訴以来、弘道会が変調を来している。一〇年一二月、弘道会の舎弟と若衆二人が自殺したのだ。

一二月三日、弘道会系村松組・村松功組長（六三）は名古屋市千種区の女性の家を訪ね、用を済まして女性宅から、関係会社の社員二人が待つ車に戻ると、後部座席に乗り込み、突然「これから死ぬ」と言い出した。社員は驚き、「何をおっしゃる」と引き留めにかかったが、村松組長は取り合わずに拳銃を取り出し、銃口を自分の頭に押し当てて引き金を引いた。即死である。

社員二人は仰天し、村松組の事務所に近い北区杉栄町の駐車場に乗り入れ、事務所から一一〇番した。警察は「なぜ千種区にいた段階で警察に電話しなかった？　拳銃を車に積んだまま移動したんだから、お前ら二人は共謀して拳銃を所持していたんだ」という奇怪な理屈で社員二人を逮捕した（その後保釈）。

村松組長はなぜ自殺したのか。生前、村松組長と親しかった知人が背景を語る。

「村松組長はもともと導友会の幹部だったが、九〇年代に導友会は弘道会の傘下に入った。村松組長は導友会とは別に弘道会の直系若衆に取り立てられた。リーマンショックの前まで奥さんを社長に（株）甲英という人材派遣会社を経営し、トヨタやデンソーに五〇〇人もの工場労働者を派遣していた。一時はかなりのカネを握り、金融業や裏カジノにまで手を広げていた。

数年前、脳梗塞を発症した後、体調がすぐれずノイローゼ気味になった。村松組長は弘道会の幹部に『弘道会を辞めたい』と申し出たが、本部は『そういうことなら、今まで稼いだものを全部置いてから出ることだ』と言い渡した。これでは稼いだカネはもとより、今まで築いてきた会社や店まで全部捨てることになる。さすがに踏み留まったが、ずっと弘道会に在籍することに苦痛を感じていたはずだ」

自殺の原因について弘道会はノイローゼを挙げているが、実際は村松組長が再び

「辞めたい」と言い出すと、前回同様に「全部置いていけ」と命じられたからだ。それを苦に自ら命を絶った。警察に組長の自殺を一一〇番したのも甲英の社員だった。

村松組長が弘道会を辞める場合は、弘道会が組長を破門する形を採る。弘道会に限らず暴力組織は一般会社とは違う。素直に「任意退職」など認めるはずがない。しかも弘道会の破門、絶縁した者に対する冷酷さは徹底している。

元弘道会の組員が言う。

「破門になったいうんは組織を裏切ったからだ。そんな者になぜうまい飯を食わせる必要がある？　わずか一〇円の飯でも食わさん、と考えている。山口組でも他の組なら、破門されても、いつか解けるってことがある。だから若い者は破門を格別怖がっちゃいない。

しかし弘道会はちがう。破門されたからには徹底的にやられる。まして警察とつるんだことで破門された日には、命の保証さえない」

弘道会は鉄の規律を持つ。村松組長は進むも退くもならず、ついに死を選んだにちがいない。

名門団体のトップも

もう一人は弘道会の舎弟に納まっていた佐々木一家・山本岩雄総長（六〇）である。山本総長はかつて弘道会の本部長をつとめたこともある大幹部。佐々木一家はもともと髙山清司若頭の出身団体である弘田組系佐々木組（後に山口組直系、菱心会と改称）の流れを汲む。弘道会内では名門といっていい。

山本岩雄総長は一二月二六日午前九時半ごろ名古屋市千種区自由ケ丘一丁目の墓地、初代佐々木組・佐々木康裕組長の墓前でこめかみを拳銃で撃ち抜き、自殺した。

佐々木一家に近い関係者が語る。

「最近、佐々木一家の若頭に就いたのが、出所したばかりの髙山組（竹内照明組長＝弘道会若頭）幹部だった。出所したばかりだから、金集めが思い通りにいかず、佐々木一家の資金力はどん底に落ちていた。にもかかわらず弘道会本部は次々上納金を言い立ててくる。山本総長はカネ集めに苦労し、噂では自殺の数日前、同じ髙山組系の水谷一家から三〇〇〇万円ほど借りたともいわれている。

山本総長はよほどカネの苦労でウンザリしていたのか、『この際、佐々木一家の総長も弘道会も辞めたい。いっそ破門にしてくれんか』とたびたび本部に申し入れていた。親しい仲間からは『もう少しで司の親分が出てくる。それまでじっと辛抱しろや』と慰められていた」

カネがらみで自殺したという点では、山本組長も村松組長と同じ。二人ともカネに殺された。

弘道会は山口組の主流中の主流であっても、弘道会という組織が盤石でなければ、その強さは保てない。だが、髙山若頭の逮捕・起訴後、弘道会本部が命じる上納金がらみで内部に亀裂が走り始めたという。

愛知県警の捜査関係者が言う。

「髙山の逮捕で留守を預かっているのは弘道会若頭の竹内照明だが、髙山の逮捕後、どういう必要があるのか、急にカネを集め出した。新設の上納金なのか、一時的な金集めなのか、よく分からないけど、これで弘道会内部は悲鳴をあげ始めた。

髙山逮捕でハッキリしたのは内部の経済格差だ。同じ弘道会系列でも貧富の差が恐ろしいほど開いている。今や弘道会は髙山組（竹内照明組長）の支配下にあり、誰一人竹内に異を唱えられる幹部はいない。竹内のやり方は強引で、上納金や人事の面では根回しもせず、一気に決めつけて高飛車に出る。弘道会内部には不満がたまり、このまま自殺するぐらいならと、いずれ叛旗を翻す直参も出てくるんじゃないか」

弘道会内部の経済格差

弘道会はいくつか名の知れた企業舎弟、フロント企業と目される企業を抱えているが、彼らの中にも一部弘道会離れ現象が見られるという。

名古屋の企業主が語る。

「今、車のメーカーがどういう状態にあるのか、名古屋の経済がどこまで落ち込んでいるのか、世間から弘道会がどう見られ始めたのか、こういうことを組の連中はいっていさい考えようとしない。考えるのは自分の都合だけ。上に差し出すカネがないっていうんで、血まなこでわれわれから金を集めようとする。たいてい嫌になる。今や彼らとつき合うメリットはゼロどころか、完全にマイナス。どう穏便にトラブルなく、弘道会から離れていくか。たいがいの人が毎日そう考えてますよ」

しかも髙山若頭の逮捕・起訴で象徴される弘道会への逆風は今後さらに激しさを増すと観測される。

警察庁詰めの記者がこう裏付けるのだ。

「警察庁の安藤隆春長官はこの二月に勇退すると伝えられていたが、最近になって二期目もやりたい、弘道会・山口組叩きをもう少し見定めたいと言い出した。

そのため四月に司組長が刑期をつとめあげ、東京・府中刑務所を出て、やれやれと思う間もなく、いきなり門前で逮捕するという話が出ている。逮捕容疑は今のところ改正暴対法の三〇条、例の暴力行為の敢行を賞揚、慰労してはならんという規定の違反だろうといわれている。

これは大阪府警が入江禎総本部長に使ったもので、罰則が一年以下の懲役、五〇万円以下の罰金と低い上、パクる前に一度暴力団に中止命令を出していなければならないという制限がある。そういう案件が弘道会にあるのかどうか不明だが、なるほどこれなら司組長をパクれると見られているわけです」

門前逮捕が打撃になるかどうかは疑問だが、弘道会、山口組に対してはこれ以上はないほどの嫌がらせである。警察は暴力団の世界に新しい動きが出る度、法の改正や新条例で法の不備につぎを当て、いわば後出しジャンケン同様にいつも勝ちを収める。

さしもの山口組も音を上げる道理だが、一月一〇日ごろ渡辺芳則・前山口組組長の死亡説が首都圏、関西圏を中心に駆けめぐった。調べてみるとインチキ情報と分かったが、渡辺氏がそのころ重体に陥ったことは間違いないとされる。現在の山口組にはほとんど影響を与えないですむだろうが。

九州勢を巡る動き

渡辺氏の出身団体、山健組も近年は弘道会同様、景気のいい話を聞かないが、山健組の牽制を狙った策動が一〇年の夏、あったともされる。話は他団体の動きとも絡んで複雑だが、今ごろなぜこうした情報が浮上したのか。

どうやらこの情報の広がりは、一〇年一〇月の三代目浅野組・串田芳明組長の死で解禁されたらしい。もはや串田組長の顔色を窺う必要はないといったところか。

道仁会（小林哲治会長、久留米市）と九州誠道会（浪川政浩会長、大牟田市）は〇六年の分裂以来、激しい抗争を続け、〇八年二月に九州誠道会側から抗争終結の宣言があったが、依然として両派は緊張関係にある。他団体は両派を遠巻きにして両派のどちらとも関係を結ぼうとしないが、出回った情報を総合すると、次のような動きになるようだ。

――一〇年、串田芳明組長が道仁会・小林会長に接触し、道仁会に山口組、稲川会との友誼関係を結ばせようと仲介に動いた。串田組長は稲川会の先代、稲川裕紘会長と兄弟分だったほどで、稲川会とは親しい。九六年には共政会、俠道会、浅野組、合田一家、親和会と語らい「五社会」結成の音頭を取るなど、西日本で隠然たる影響力を握っていた。

道仁会とすれば、串田組長の斡旋で東の稲川会、西の山口組と交際を始められるのだから、話に乗らない手はない。一説に道仁会・小林会長は同会の幹部会でその旨発表したとも伝えられる。

こうした動きに困惑したのが九州誠道会である。浪川会長は山健組の井上邦雄組長（山口組若頭補佐の一人）と兄弟分の関係にあるから、山口組と道仁会との交際は、自分の立場が浮いてしまうことを意味する。九州誠道会は山健組に「このような動きがあるが」と相談し、山健組はまた山口組の最高幹部に「どうしたものか」と相談した。

最高幹部は「山口組は今、道仁会と交際を始めようとは考えていない。仮にそうした話があるなら、名古屋（弘道会）が内諾を与えたのかもしれない」と、直接浅野組に「山口組にはそうした考えはないのだが」と打診した。浅野組は山口組の動きに敏感に反応し、以後、道仁会の動きは止まって、ほどなく串田組長は病死する——。

おおよそ事の経緯はこうした流れになる。浅野組の意図はあくまでも道仁会と九州誠道会の緊張関係を緩和することにあり、串田組長とともに動いた最高幹部もそう証言している。ただ道仁会との交際になぜ山健組が戸惑ったかといえば、山健組は若頭である山本國春・健國会会長が多三郎一家・後藤総長刺殺事件で逮捕されたままである。浪川会長は智慧者として知られ、山健組の外部ブレーンとして欠かせない存在だからだ。山口組が道仁会と手を結ぶことで浪川会長を飛ばされたくはない。

問題はこの後、京都の建設業者上田藤兵衞氏が四〇〇〇万円恐喝事件の被害者として登場、上田氏の供述が高山清司若頭の逮捕へとつながっていくことだ。

上田氏はかつて殺人で服役したことがあるが、同じ刑務所で当時山健組の組員だった若き日の渡辺芳則氏と知り合った。当時、病床にあった渡辺芳則前組長が自分を五代目の座から放り出した弘道会の現状をどう見たか興味深い。司組長の出所を間近に控える山口組は髙山若頭の逮捕で急に混迷を深め、予断を許さない情況になった。今後は何が起きても、どういう事件が発生しても、不思議はなかろう。

第五章　島田紳助引退と反社勢力

「ヤクザか芸能界か」紳助の究極の選択

極心連合会・橋本会長に心服

一一年八月二三日、島田紳助は暴力団との交際を理由に芸能界から引退した。今後一般人になるからといって、平坦な一本道が続くわけではない。むしろこれから、紳助の本当の苦難が始まると予想される。

なぜなのか――。

吉本興業にすれば、紳助に引退してもらいたくなかった。まだ売り物になるタレントだからだ。しかし元ボクシング世界チャンピオン、渡辺二郎（〇七年に恐喝未遂で起訴）との一〇六通に及ぶメールは、紳助と山口組系極心連合会・橋本弘文会長との交際を示していた。

島田紳助は十数年前、テレビでの発言を右翼に咎《とが》められ、テレビ局に街宣車を集中される攻撃を受けた。大音量の糾弾は局の業務を妨げた。営業妨害として警察に取り締まりを要請すれば、右翼の神経をさらに逆なでするようで、怖い。

紳助はこのとき、芸能界から引退しようかとまで思い悩んだという。たまたま渡辺二郎が山口組系の有力組織である山健組系（当時）極心連合会の橋本弘文会長を紹介し、橋本会長が右翼と交渉して攻撃は止んだ。これにより紳助は橋本会長に深く感謝し、以後、心服するようになった――。

紳助と橋本会長を結んだきっかけは右翼の攻撃だったが、現在、右翼の大半は暴力団系である。暴力団が右翼を別働隊として使うことはもちろん可能だし、現に暴力団がこうした「分身の術」を使ってターゲットとする企業や個人を困惑させ、その後自ら登場して騒ぎを丸く納め、礼金を取るマッチポンプも行われている。

右翼に街宣活動から手を引かせるにはカネがかかる。右翼としても隊員や街宣車を動員し、人件費やビラ代など経費を掛けている。両者の間に立つ調停者は右翼にしかるべきカネを払って攻撃を止めてもらう。右翼がタダで矛を収めることはまずあり得ない。調停してくれるよう依頼する者は右翼の街宣中止代と、調停者への礼金を合わせて支払わなければならない。相場は一〇〇〇万円以上と見られる。

紳助の記者会見によれば、調停に当たった橋本会長は紳助にカネを要求せず、二人の間にいっさいカネの支払いはなかったという。通常はあり得ないことだが、無料の例は必ずしも皆無ではない。調停者の暴力団が依頼者の将来を見込み、貸し借り関係の「貸し」に回りたいときだ。紳助の場合はこれだったかもしれないが、彼は橋本会長に大きな「借り」ができた。

暴力団の用語に「ケツ持ち」がある。特定の人間がトラブルに見舞われれば、組員が前面に出て対処するといったニュアンスであり、よくいえば「後見人」とでもなろうか。

紳助は頭に血が上って凄むとき、「俺のケツ持ちを誰と思ってるんや。極心連合会の橋本会長やぞ」と怒鳴り、恫喝した。事情を知らない者は、彼のバックは山口組系の極心連合会か、と一瞬怯《ひる》む。つまり紳助は橋本会長から借りができたことを気に病まず、むしろ継続的に庇護者になってくれたと受け取った節がある。

総じて紳助は切れやすく、〇四年一〇月には大阪・大淀南の朝日放送社内で吉本興業の女性社員を殴打し、加療一週間を要する頭部外傷や頸椎捻挫、左上肢と背部の打撲傷害を負わせた。女性社員はその後長くＰＴＳＤ（心的外傷後ストレス障害）を発症し、ついに退職するハメに陥った。紳助を民事裁判で訴えもした。

紳助は単に暴力団幹部の庇護を受けているだけでなく、彼自身が暴力的で、一般人と何度もトラブルを起こしている。生来、暴力的な性向を持っているのかもしれない。

山口組大幹部の後ろ盾

橋本会長は山口組の出世階段を順調に上っていった。七六年に山健組に加盟したのだが、八九年山健組の渡辺芳則組長が山口組の五代目組長に上ると、次の山健組組長の座は桑田兼吉に譲られた。橋本会長は桑田組長の下でナンバーツーである若頭に抜擢され、桑田組長が拳銃の共同所持で裁判を抱えるころには組長代行に上っていた。

渡辺五代目組長の地位が司忍若頭（現山口組六代目組長）により脅かされ始めた〇五年四月には山健組から山口組の直系組長に引き上げられ、しかも同年六月には若頭補佐に任じられた。橋本会長は押しも押されもしない山口組の大幹部にのし上がったのだ。

山口組は日本の暴力団組員の半数を占めるほど多数派であり、その若頭補佐といえば、組内で五指に入る。紳助の「ケツ持ち」はあれよあれよという間に出世を遂げ、紳助はこうも強力な後ろ盾なら「向かうところ敵なし」と思ったにちがいない。

元ボクサーの渡辺二郎は極心連合会で相談役の肩書を持っている。彼との間のメールが問題にされた。

大阪府警は〇七年六月、渡辺を証人等威迫容疑で逮捕した際、渡辺の携帯電話を押収した。おそらく〇五年に携帯電話を買い換えたのだろう。押収した携帯には〇五年六月から〇七年六月までの間、紳助と交わしたメール一〇六通が保存されていた。これが証拠となり、紳助が渡辺二郎を介して、いかに橋本会長に心酔し、深く交際していたか、如実に示すことになった。

他方、橋本会長も〇五年六月競売入札妨害容疑で大阪府警に逮捕され、〇六年三月にも詐欺未遂容疑で逮捕された。会長宅の家宅捜索も併行され、橋本会長とのツーショット写真や紳助直筆の礼状なども押収された。橋本会長が逮捕された際、紳助は「会長心配です!ほんま警察むかつきますね!」などとのメールを渡辺に送っている。

メールについては大阪府警捜査四課が解析、調査し、報告書にまとめている。検察側がこの報告書を裁判所に提出したため、府警ルートか弁護士ルートでメールが流出したと推測されている。

吉本興業もメールを入手し、その重大性に気づいた。メールを突きつけられれば、紳助と橋本会長との交際を否定できない。それで紳助に事情聴取したわけだが、紳助は橋本会長との交際を否定せず、それが問題になるなら、芸能界を引退すると言い切ったと推測される。

吉本興業にすれば、できるなら紳助に交際を否定してもらいたかったはずだが、紳助は情報はウソだと否定しなかった。せめて「今後は橋本会長との交際を断つ」ぐらいは言ってほしかっただろうが、それも紳助は拒否した。これにより紳助を謹慎処分にしてほとぼりの冷めるのを待ち、芸能界に復帰させるルートは断たれた。

忠誠心と恐怖心

紳助は極心連合会・橋本会長と絶交するとは約束できなかった。十数年前の街宣車騒ぎのとき、丸く収めてくれたのが橋本会長である。紳助は「大恩ある橋本会長に手のひら返しはできない」と判断したのだろうが、もう一つ恐怖心も働いたはずだ。絶交を宣言すれば、橋本会長が間違いなく怒る。今まで庇護してくれた人間が紳助の態度の急変に「汚い野郎だ」と、敵に変わりかねない。このことがなにより紳助には恐ろしかったはずだ。

つまり紳助は芸能人としての生活を取るか、橋本会長との交際の継続を取るか、二つに一つの岐路に立たされた。結果として選んだのが芸能界引退であり、一般人として心置きなく橋本会長と交際を続ける道である。

幸か不幸か紳助には四〇億とも伝えられる資産があり、飲食店の経営など事業家としても成功している。紳助が結果として交際の継続を望んだ以上、橋本会長は手厚く紳助を遇するにちがいない。渡辺二郎と同じく極心連合会の相談役に据えるかもしれないし、客分として迎えるかもしれない。

極心連合会は山口組の直系組の中でも有力組だが、今はどの組も経済的に詰まっている。紳助はすでに芸能人ではなく、極心連合会に理解を示す事業家でしかない。極心連合会が紳助からカネを融通してもらうことを遠慮する理由はない。まして紳助には大きな貸しがあるのだ。

紳助が強調するように橋本会長が善意の人であっても、暴力団経済は、食える者は食うという弱肉強食の論理で動いている。紳助がカネを握るかぎり暴力団社会で大事にされるだろうが、カネがなくなれば価値はゼロである。紳助は暴力団社会にかなり親近感を持っているらしいが、悲しいかな、彼直属の暴力要員を持たない。暴力団の内側に入ったからには理不尽な要求をはねのけられるのは暴力しかなく、その意味で彼は非力である。大阪府警に助けを求めても、「むかつく」といわれた府警が紳助に味方するはずもないのだ。

島田紳助の芸能界からの引退は社会問題になり、一一年暮れの紅白歌合戦の出演歌手、タレントの人選にまで影響を与えた。吉本興業はよくぞ思い切って紳助を引退させたものだが、これは暴力団排除条例や警視庁、大阪府警などの圧力によるものではない。吉本興業には翌年創業一〇〇周年を迎えるという特殊事情があった。一〇〇周年には「世界の吉本」へと羽ばたく。その青写真が島田紳助を切ったといえるかもしれない。

オバマ大統領令の冷や水

すでに吉本興業は一〇年、上海万博でお笑いフェスタを連続公演したし、米最大手のタレントエージェンシーCAAと合作し、日本のタレントが出るバラエティー番組を海外に売り出す構えでいる。スポーツマネジメント部門の子会社「よしもとエンタテインメント・USA」も立ち上げ、日米両にらみの活動拠点にもしようとしている。

海外に目を向ける吉本に冷水を浴びせたのが一一年七月二五日、米オバマ大統領が署名した大統領令である。

オバマは多国籍の犯罪組織が国際経済秩序を脅かし、米経済や安全保障に脅威を与えていると指摘、対抗策として米国管轄下にある資産を凍結し、米国の団体や個人が取り引きすることを禁じた。

大統領令は日本の「ヤクザ」(別名、暴力団、極道と注書き)、イタリア・ナポリを拠点にする犯罪集団「カモッラ」、メキシコの麻薬組織「ロス・セタス」、旧ソ連圏の犯罪組織「ブラザーズ・サークル」を指定し、ヤクザについては麻薬取引や売春、人身売買が資金源で、アメリカでは麻薬取引とマネーロンダリングに従事と決めつけている。

こういう状況下で吉本の芸人である島田紳助が山口組の有力組織、極心連合会と密接交際とアメリカに知れれば、吉本の世界戦略は音を立てて崩壊する。吉本がすばやく紳助を切り捨て、暴力団臭を消そうとやっきになったのは当然である。

一一年一〇月には全国都道府県で暴力団排除条例がそろい踏みする。ほとんどの条例には暴力団に利益を与えてはならないなどの文言があり、吉本はこれに過剰反応して紳助を切ったのだという見方がある。

暴排条例が全国警察の協力と指導の下に制定、施行されたのは事実だが、法律ほどには強制力を持たない。警察庁の安藤隆春長官は九月一日の定例会見で紳助問題に触れ、「芸能界も暴力団との関係遮断を実現しなければならず、警察も支援する」と述べただけで、条例がどうこうとは言っていない。

芸能界の暴排はあくまでも自浄努力である。吉本興業は前記の事情で突出したと見るべきだろう。

紳助事件がもたらす暴排条例の効果

住民の自己責任

東京都も一一年一〇月から暴力団排除条例を施行し、これで全国津々浦々まで暴排条例のアミがかぶることになった。不思議なのは、全国で内容が似たり寄ったりの条例を施行するなら、なぜ最初に一本の法律を立て規制しなかったのか、と誰しもが思おう。

誤解されがちなことだが、暴排条例の狙いは住民にあって、直接、暴力団をターゲットにするものではない。山口組の司忍組長が一〇月一日、産経新聞（二〇一一年一〇月二日付）のインタビューに答えて、「暴排条例ができたこと自体はまったく心配していない」と述べているのも、暴排条例に関するかぎり単なる強がりだけではなかろう。

暴排条例によって、それまでの「警察対暴力団」という構図が「社会対暴力団」という構図に切り替えられた。つまり暴排条例の施行以降、住民が前面に立ち、住民の自己責任で暴力団に立ち向かわねばならない。

では、警察は何のためにあるのかとなるが、警察は後景に退いて住民をバックアップする。そんな、話がちがう、警察が暴力団と取っ組み合うのが本筋だろうに、と思って当然だが、暴排条例の理念はこういうものなのだ。住民が暴力団に資金提供せず（資金源を断ち）、暴力団を社会的に孤立させる――。

たとえば暴排条例の先進都市である北九州市では一〇月一三日、八幡西署などが暴力団工藤会幹部らの名刺を刷ったとして、印刷業者二社に警告書を、下請けの印刷業者ら三社に注意書きを出した。印刷業者は工藤會幹部ら約四〇人の名刺作成を約四〇万円で引き受けた。これは暴排条例の「暴力団の活動を助長する利益供与の禁止」規定に違反するというのだ。

業者が警察に警告されるなんてまっぴら、カタギ相手の仕事に差しつかえると思うなら、発注主の暴力団に面と向かって「うちではお宅の仕事は扱えないんですよ」とお断りしなければならない。

暴力団はカッとなって業者を殴るかもしれない。当然、業者はケガを負うが、ケガは自分持ちである。どこも治療費を負担してくれない。警察は騒ぎの後ノコノコ登場し、「実行犯はどこのどいつや」と捜査にかかるだけだ。

現に福岡県飯塚市で一一年二月、建設会社の事務所に銃弾六発が撃ち込まれた。被害に遭った会社の社長は、公共工事の受注が少なくなって金繰りが苦しい、暴力団排除条例もあるので、地元の暴力団太州会にみかじめ料の支払いを断った、と語っている。

警察はみかじめ料の支払いを拒まれた太州会側が建設業者に「どうなるか知らんぞ」と警告するため発砲したと見て、太州会の幹部ら六人を銃刀法違反などで逮捕したが、太州会側は否認している。

要するに今後は住民が暴力団の矢面に立つ。その結果、何が起きるかといえば、住民側の暴力団被害が間違いなく増大する。北九州市に根を張る前出の工藤會はカタギの市民も攻撃することで（もっともその多くは捜査的に工藤會の犯行と証明されていない。福岡県警が決めつけるだけである）全国に名を知られた指定暴力団だが、日本全国にこうした「工藤會現象」が拡散すると見られる。

工藤會は住民に対してどのような乱暴を働いているのか。最近では、西部ガスの関連会社と役員宅を銃撃した、九州電力の会長宅に爆発物を投げ込んだ、暴力団追放運動に取り組む住民が経営するクラブに手榴弾を投げ込んだ、安倍晋三の自宅と後援会事務所に火炎ビンを投げ込んだ、工藤會追放運動の自治会役員宅を銃撃した、みかじめ料の支払いを拒否したパチンコ店に火炎ビンを投げ込み、放火した——などである。

そのため工藤會の公判では証言者五人中四人が証言を拒否するなど、日本ではないかのような異常事態が生まれている。

警察庁はこういう工藤會に対し「極めて悪質な団体」などと名指しで非難しているが、福岡県警の捜査は手ぬるく、住民襲撃の首謀者ばかりか実行犯さえほとんど逮捕できていない。完全に暴力団になめられているのだ。

警察庁は暴力団つぶしに本腰を入れている、暴排条例でヤクザ壊滅だ、などと思っている人はお人好しでなければ、アホである。後で煮え湯を飲まされることは間違いない。

「反社」の誕生

なぜ暴力団排除条例が全国で施行されたかといえば、根拠は〇七年六月一九日の犯罪対策閣僚会議が定めた「企業が反社会的勢力による被害を防止するための指針」にあるとされる。

「指針」は、

1．反社会的勢力による被害を防止するための基本原則（裏取引や資金提供の禁止、など）

2．基本原則に基づく対応（反社会的勢力とは、一切の関係をもたない。そのため、相手方が反社会的勢力であるかどうかについて、つねに通常必要と思われる注意を払うとともに、反社会的勢力とは知らずに何らかの関係を有してしまった場合には、相手方が反社会的勢力と判明した時点や反社会的勢力との疑いが生じた時点で、速やかに関係を解消する、など）

——といったことを内容としている。

この会議で初めて反社（反社会的勢力）という言葉が誕生し、かつ指針が念頭に置いたのはコンプライアンスを云々《うんぬん》できる大企業だった。しかし、いざ暴排条例になってみると、問題視の相手は「反社」の中でも暴力団だけ、条例を担うのは大企業ばかりか、零細を含めた全企業や住民になっていた。

実は指針が産み出したのは暴排条例ばかりか、金融業界や不動産業界の暴力団排除に向けた警察の行政指導である。たとえば全銀協（全国銀行協会）は警察の意向を受けて暴力団排除条項を定め、一一年六月その一部改正を行ってさらに厳格化した。

暴力団組員は新しく銀行口座を開設できない。銀行取引約定書に次のチェック項目があるからだ。

「私または保証人は、現在、暴力団、暴力団員、暴力団員でなくなったときから五年を経過しない者、暴力団準構成員、暴力団関係企業、総会屋等、社会運動等標ぼうゴロまたは特殊知能暴力集団等、その他これらに準ずる者（中略）に該当しないこと、および次の各号のいずれにも該当しないことを表明し、かつ将来にわたっても該当しないことを確約いたします」

暴力団組員はがんじがらめに縛られて銀行の外に放り出された。金融機関からの締め出しは、組員にとって大打撃である。早い話、新規に口座を開けないから、子供の授業料の自動引き落としもできない。しかも組員は部屋さえも借りられない。

貧窮化する末端組員

不動産業界も〇七年一二月、先の「指針」を受けて「不動産業における犯罪収益移転防止法及び反社会的勢力による被害防止のための連絡協議会」を設置し、一一年六月以降、売買契約書のモデル条項例を導入した。

どういうものかというと、買主や借手は、

「自らが、暴力団等反社会的勢力ではないことを確約する。

買主は、自ら又は第三者をして本物件を反社会的勢力の事務所その他の拠点に供しないことを確約する。

↓買主が確約に反し、本物件を反社会的勢力の事務所その他の活動の拠点に供した場合には、売主は何らの催告を要せずして、この契約を解除することができる。

↓買主は売主に対し、違約金（売買代金の二〇パーセント相当額）に加え、違約罰（売買代金の八〇パーセント相当額）を支払う」

暴力団は暴力団とバレた場合、不動産を取り上げられた上、買収金の全額を没収される。泣き面にハチである。

住民相手の暴排条例も、施行をきっかけに飲食店がそれまで月々支払っていたみかじめ料を打ち切るなど、暴力団にはダメージだが、それに倍するダメージが銀行、不動産業界からの暴排である。

関西からシノギ探しで東京に上がってきた組員など、組事務所ばかりか住まいを借りるのも難しく、泣く泣く車の中で寝泊まりとか、ホームレス一歩手前の末端組員がごろごろいる。

暴排条例や銀行などからの暴力団締め出しは実質的に暴力団の生活権を否定している。日本国民は憲法で「健康で文化的な最低限度の」生活を保障されているはずだが、組員はあたかも日本国民でないかのようである。

この辺りのことについて、暴力団はテンから諦めているのか、暴排条例や業界条項は憲法違反だという声さえ上げていない。が、貧窮化する末端組員は生活も性格もすさむ一方である。いきおい住民側への反目が高まり、住民襲撃頻発の恐れがある。

警察庁もこうした事態を見込んでのことか、一二年、暴力団対策法の第五次改正を行い、二月に閣議決定する考えらしい。改正点として、住民に代わって暴力追放運動推進センターが暴力団事務所の立ち退き訴訟を起こせるようにする、などとある。

また前出の工藤會や、〇七年から五年間も抗争を続けている道仁会、九州誠道会など特に「悪質」な団体を「特定抗争指定暴力団」にし、彼らがみかじめ料などを要求した場合、中止命令なしにいきなり逮捕できるよう改めるらしい。

ありていにいえば、暴対法のツギ当てである。ツギの上にツギを重ねて、その場しのぎを繰り返す。山口組弱体化作戦や暴排条例、暴対法改正案を置き土産にして退任する警察庁の安藤隆春長官を評価する声があるが、筆者には疑問である。

暴排条例は前記した通り、住民を危険にさらす暴力団締め出し策だし、暴対法改正はパッチワーク、銀行や不動産からの締め出し行政指導は早晩、訴訟の対象になるにちがいない。

芸能界、スポーツ界が標的

警察の暴力団対策は混迷している。なぜなら暴力団対策の大黒柱であるべき暴力団対策法が暴力団の存在を認めるなまくら刀だからだ。あげく住民を先頭に立て、名刺を刷らせないなど、暴力団に嫌がらせをするだけ。

あげく警視庁は一一年中に暴排条例がらみで芸能人かスポーツ選手を挙げたがっている。ヤバい人間がいないか、あちこち聞き回っているのだ。

島田紳助騒ぎに味をしめ、といっても、紳助騒ぎは警視庁や大阪府警のお手柄ではなく、いわば自然発生現象だったはずだが、ともかく警視庁は東京都暴力団排除条例の効果を知らしめるべく、とりわけ「密接交際」で誰か目立つ人間を血祭りに上げたいらしい。

しかし最近では言い分を変え、芸能人については「数年前以上にさかのぼる暴力団との過去は問わない」を「密接交際者」であるか否かの基準に定めたようだ。

つまり過去、暴力団とズブズブの関係を持っていたとしても、現在、暴力団と特別の関係が認められないなら、紅白歌合戦への出場は可という基準である。この基準により北島三郎の出場も可能になった。周知のように北島三郎は稲川会のテーマソングとでもいうべき「神奈川水滸伝」を歌い、同会の新年会への出席を暴露された過去を持つ。

ひるがえっていうなら、暴力団排除条例の運用は、警視庁の胸先三寸にかかっている。誰がメディアに登場していいか悪いかは警視庁の腹一つ。警視庁が一国の「文化政策」を仕切る。

本書は二〇一一年に竹書房より刊行された『新装改訂版　山口組動乱!!　2008〜2011　司忍六代目組長復帰と紳助事件』に大幅に加筆、改筆のうえ、再編集したものです。

溝口 敦―ノンフィクション作家。ジャーナリスト。1942年、東京都に生まれる。早稲田大学政治経済学部卒業。出版社勤務などを経て、フリーに。著書には、『暴力団』『続・暴力団』（以上、新潮新書）、『危険ドラッグ　半グレの闇稼業』（角川新書）、『詐欺の帝王』『歌舞伎町・ヤバさの真相』（以上、文春新書）、『パチンコ「30兆円の闇」』（小学館文庫）、『新装版　ヤクザ崩壊　半グレ勃興』『食肉の帝王』、さらに『血と抗争　山口組三代目』『山口組四代目　荒らぶる獅子』『ドキュメント　五代目山口組』『武闘派　三代目山口組若頭』『撃滅　山口組vs一和会』『四代目山口組　最期の戦い』『六代目山口組ドキュメント　2005〜2007』（以上、講談社＋α文庫）などの一連の山口組ドキュメントなどがある。常にきわどい問題を扱い続けるハード・ノンフィクションの巨匠。『食肉の帝王』で、第25回講談社ノンフィクション賞を受賞した。

講談社＋α文庫　山口組動乱《やまぐちぐみどうらん》!!
――日本最大の暴力団ドキュメント　2008〜2015

溝口《みぞぐち》 敦《あつし》

2015年10月20日第1刷発行
2015年11月6日第2刷発行

発行者――――鈴木 哲
発行所――――株式会社 講談社
東京都文京区音羽2-12-21　〒112-8001
電話 編集（03）5395-3522
販売（03）5395-4415
業務（03）5395-3615

デザイン――――鈴木成一デザイン室
カバー印刷――――凸版印刷株式会社
本文図版製作――――朝日メディアインターナショナル株式会社
印刷――――凸版印刷株式会社
製本――――株式会社国宝社

落丁本・乱丁本は購入書店名を明記のうえ、小社業務あてにお送りください。
送料は小社負担にてお取り替えします。
なお、この本の内容についてのお問い合わせは
第一事業局企画部「＋α文庫」あてにお願いいたします。
Printed in Japan ISBN978-4-06-281618-2
定価はカバーに表示してあります。

講談社+α文庫 Ⓖビジネス・ノンフィクション

- **新版・現代ヤクザのウラ知識** 溝口 敦
  暴力、カネ、女…闇社会を支配するアウトローたちの実像を生々しい迫力で暴き出した！ 838円 G 33-10
- **「ヤクザと抗争現場」溝口敦の極私的取材帳** 溝口 敦
  抗争の最中、最前線で出会った組長たちの素顔とは？ 著者が肌で感じ記した取材記録！ 838円 G 33-11
- **細木数子 魔女の履歴書** 溝口 敦
  妻妾同居の家に生まれ、暴力団人脈をバックに「視聴率の女王」となった女ヤクザの半生！ 760円 G 33-12
- ＊**昭和梟雄《きょうゆう》録** 溝口 敦
  横井英樹、岡田茂、若狭得治、池田大作と矢野絢也。昭和の掉尾を飾った悪党たちの真実!! 876円 G 33-13
- ＊**四代目山口組 最期の戦い** 溝口 敦
  巨艦・山口組の明日を左右する「最後の極道」竹中組の凄絶な死闘と葛藤を描く迫真ルポ！ 930円 G 33-14
- ＊**ヤクザ崩壊 侵食される山口組** 溝口 敦
  日本の闇社会を支配してきた六代目山口組の牙城を揺るがす脅威の「半グレ」集団の実像 790円 G 33-15
- **六代目山口組ドキュメント2005〜2007** 溝口 敦
  暴排条例の包囲網、半グレ集団の脅威のなか、日本最大の暴力団の実像を溝口敦が抉る！ 800円 G 33-16
- **新装版 ヤクザ崩壊 半グレ勃興** 地殻変動する日本組織犯罪地図 溝口 敦
  社会を脅かす暴力集団はヤクザから形を持たない半グレへ急速に変貌中。渾身ルポ！ 790円 G 33-17
- **日本人は永遠に中国人を理解できない** 孔 健
  「お人好しの日本人よ――」これぞ、中国人の本音だ！ 誰も語ろうとしなかった驚くべき真実 640円 G 39-1
- **なぜ中国人は日本人にケンカを売るのか** 孔 健
  非難合戦を繰り返す日本と中国。不毛な争いを止め、真の友人になる日はやってくるのか？ 648円 G 39-3

＊印は書き下ろし・オリジナル作品

表示価格はすべて本体価格（税別）です。本体価格は変更することがあります